Wandern
auf
La Palma

Susanne Lipps

Inhalt

Wandern auf La Palma

Wandersaison

Am besten eignen sich die Monate Oktober bis Juni. Von Juli bis September kann es recht heiß werden, wenngleich das Thermometer auch dann nur selten über 27°Celsius steigt. Im Winter sinken die Temperaturen in den Küstengebieten kaum unter 18°Celsius, doch kann es in den Bergen vor allem zwischen Januar und März relativ kühl werden. Auf den höchsten Erhebungen können dann Temperaturen um den Gefrierpunkt mit Schnee und Eis auftreten.

Anspruch

Drei Schwierigkeitsgrade werden in diesem Führer unterschieden: einfach (+), mittelschwer (++) und anspruchsvoll (+++). Während leichte Wanderungen keine besonderen Anforderungen an die Kondition stellen, sind bei mittelschweren und anspruchsvollen Wanderungen auf relativ kurzer Strecke mehr oder weniger große

Höhenunterschiede zu überwinden. Diese sind zusätzlich angegeben. Vielfach ist Trittsicherheit auf schmalen, steinigen Pfaden Voraussetzung, in Ausnahmefällen auch Schwindelfreiheit. Sollte die Orientierung nicht einfach sein, wird dies ebenfalls erwähnt.

Ausrüstung

Feste, knöchelhohe Wanderstiefel sind für alle Wanderungen empfehlenswert. Teleskopstöcke können nützlich sein, sie entlasten bei Abstiegen die Kniegelenke. Regen- und Sonnenschutz sowie ein kleines Verbandszeug gehören stets in den Rucksack, bei längeren Wanderungen im Winterhalbjahr auch ein Anorak.

Wege und Markierungen

Im Bereich des Nationalparks Caldera de Taburiente finden sich Hinweisschilder auf Wanderwege. Auch im Norden der Insel sind einige Wege markiert. Ansonsten sind »Steinmännchen« oft die einzige Orientierungshilfe.

Verpflegung

Einkehrmöglichkeit während der Wanderung besteht nur in wenigen Fällen, dies ist dann gesondert vermerkt. Trinkwasser und Proviant sollten also der Länge der Touren entsprechend eingepackt werden.

Gehzeiten

Bei den aufgeführten Zeiten handelt es sich um reine Gehzeiten, die sich auf den durchschnittlichen Wanderer beziehen. Für Rast, Fotografierpausen und Abstecher sollte man zusätzliche Zeit einplanen.

Karten

Das spanische Instituto Geográfico Nacional (IGN) gibt die Mapa Topográfico Nacional de España im Maßstab 1:50000 für La Palma heraus (Ausgabe für den Tourismus, ein Kartenblatt für die gesamte Insel). Einige klassische Wanderrouten sind auch auf der Autokarte La Palma 1:50 000 aus dem Verlag freytag & berndt verzeichnet. Die genannten Karten können über größere oder spezialisierte Buchhandlungen bezogen werden.

Mit Bus und Bahn

Leihwagen sind auf La Palma recht preisgünstig. Wer Linienbusse benutzen möchte, sollte bedenken, daß Ausgangspunkte für Wanderungen in der Bergregion nicht mit dem Bus zu erreichen sind. Lediglich bei Wanderungen in küstennahen Gebieten stellt der Linienbus eine brauchbare Alternative zum Mietwagen dar. Den jeweils aktuellen Fahrplan *(horario)* erhält man bei der Busgesellschaft Transporte del Norte in Santa Cruz, Calle Pedro J. de las Casas (in der Nähe des Museo Naval), oder in Los Llanos, Busbahnhof, in der Calle Ramón Pol. Außerdem ist er im deutschsprachigen, kostenlosen »Infomagazin« abgedruckt. Taxistände gibt es nur in größeren Ortschaften. Da in der Regel nach gefahrenen Kilometern abgerechnet wird, kommen Fahrten in entlegene Gebiete nicht ganz billig.

SYMBOLE IN DEN KARTEN

⌂	Gasthaus, Restaurant	t	Wegkreuz
⌂	Schutzhütte, Unterstand	⊼	Rastplatz
♦	Kirche	⋂	Höhle
♂	Kapelle, Ermita	⌒ᵂᶠ	Wasserfall
♦	Aussichtsturm	○	Quelle
∴	Archäologische Stätte	⚶	Hervorragender Nadelbaum
𝚰	Denkmal, Monument	⚲	Hervorragender Laubbaum
✿	Mühle		

Wasser – ein wertvolles Gut

Auf La Palma wird das Wasser knapp – ein prekärer Zustand, der nach Ansicht von Ökologen vermeidbar wäre. Alte Leute erinnern sich an Quellen und Wasserläufe, die noch vor Jahrzehnten kräftig sprudelten. Santa Cruz de La Palma konnte 1893 als erste kanarische Stadt seine Straßen beleuchten – mit Hilfe des Stroms, den ein Wasserkraftwerk im Barranco del Agua erzeugte. Heute liefert von den drei Wasserkraftwerken, die es in den 6oer Jahren auf La Palma gab, nur noch eines Strom...

Das einst als unerschöpflich angesehene Quellwasser der Caldera de Taburiente ist innerhalb der letzten 20 Jahre um 70% zurückgegangen, ein Drittel der Quellen sind bereits versiegt. Eine Rationierung des Wassers im Sommer ist keine Seltenheit mehr. Dann stehen in manchen Orten pro Einwohner oft nur 6–10 l täglich zur Verfügung.

Hauptverursacher des Wassermangels ist die Landwirtschaft – und nicht etwa der häufig bezichtigte Tourismus, der sich auf La Palma nur für 0,3 % des Verbrauchs verantwortlich zeigt. Auf die Bewässerung der Bananenkulturen entfallen hingegen 90-95 %. Um 1 kg Bananen zu ernten, werden 400 l von dem kostbaren Naß benötigt. Ökologen fordern daher dringend, den Bananenanbau auf La Palma aufzugeben. Doch dagegen wehren sich die Landwirte mit Händen und Füßen – und mit ihnen die um Wählerstimmen bangenden Politiker.

Stillschweigend bleibt mittlerweile dennoch mancher Bananenacker unbestellt. Bei den ständig steigenden Wasserpreisen lohnt der Anbau nur noch für diejenigen Bauern, die über Wasserrechte verfügen. Wasser ist auf den Kanarischen Inseln seit der Conquista Privateigentum. Um Kapital für die Erschließung neuer Grundwasserreserven durch Stollen (sogenannte *galerías*) aufzutreiben, gründeten die Wassereigentümer in den 40er und 50er Jahren Aktiengesellschaften. Auf La Palma gibt es heute über 100 galerías. Wasser, das die Aktionäre nicht selbst verbrauchen, wird gewinnbringend verkauft – an die geschätzten 70 % der Bevölkerung, die nicht über Wasseraktien verfügen.

Werden Wassergewinnungsstollen in die Berge getrieben, so greift man Reserven an, die sich in Jahrhunderten oder Jahrtausenden gebildet haben und die nun innerhalb weniger Jahre verbraucht werden. Als Folge muß man neue wasserführende Gesteinsschichten anzapfen. In der Umgebung der Stollen werden rund 4 m Grundwasserabsenkung pro Jahr beobachtet. Viele Gemeinden genehmigen schon keine weiteren galerías mehr, und als Folge davon schnellen die Wasserpreise in die Höhe.

Die öffentliche Hand, die nur einen Bruchteil der Wasseraktien hält, versorgt private Haushalte und Ferienanlagen großenteils mit dem Wasser küstennaher Tiefbrunnen, dessen Qualität durch Verunreinigung mit Düngemitteln und Pestiziden aus den Bananenplantagen sowie durch nachsickerndes Salzwasser aus dem Meer immer schlechter wird. Das gute Wasser aus Quellen und Stollen hingegen kommt den Bananen zugute. Einheimische wissen das und schleppen ihr Trinkwasser mühselig in Plastikkanistern aus dem Supermarkt nach Hause.

Auf La Palma hofft man nun, das Problem durch den Bau gigantischer Staubecken in den Griff zu bekommen. Sie sollen überschüssiges Wasser aus den galerías auffangen, das bislang im Winter ungenutzt ins Meer fließt. Sinnvoller wäre es nach Ansicht von Ökologen, das undichte Leitungsnetz abzudichten, in dem mehr als 50 % des Wassers schon beim Transport versickern. Desgleichen fordern sie, offene Wassertanks abzudecken, um Verdunstungsverluste auf ein Minimum zu beschränken, und die wassersparende Tropfbewässerung einzuführen, die bisher wegen der hohen Investitionskosten nur von wenigen Großgrundbesitzern durchgeführt wird. In Zukunft wird man sich jedoch unweigerlich mit dem Gedanken anfreunden müssen, an Kulturen auszuweichen, die mit weniger Wasser auskommen. So beträgt der Wasserverbrauch von Avocados etwa 25 % und von Ananas gar nur 10–20 % dessen, was Bananen pro ha benötigen. Avocados werden auf La Palma schon erfolgreich für den Export angebaut. Mit einer Änderung des Wasserrechts in dem Sinn, daß Grundwasser als öffentliches Gut angesehen würde, ist bei den derzeitigen politischen Kräfteverhältnissen allerdings nicht zu rechnen.

Spiralen – Sinnbilder der Ewigkeit

Rätsel geben den Archäologen die spiral- und labyrinthförmigen Felsritzungen auf, die auf La Palma beinahe allgegenwärtig sind. 1752 wurden in der Cueva de Belmaco die ersten dieser prähistorischen Petroglyphen (griech. *petra* = Fels, *glyphein* = einritzen) entdeckt. Seither kamen über 50 weitere Fundstätten hinzu. Auf den Kanarischen Inseln kommen spiralförmige Zeichen ansonsten nur vereinzelt auf Lanzarote und Hierro vor.

Schematische Kunst, wie sie uns in Form der abstrakten palmerischen Felsritzungen begegnet, scheint ihren Ursprung im östlichen Mittelmeerraum zu haben. Mit der Megalithkultur drang sie ab 4000 v. Chr. nach Westen vor und löste überall die alt- und mittelsteinzeit-

lichen Höhlenmalereien ab. Diese Malereien gaben Gegenstände – meist Tiere oder ganze Jagdszenen wieder. Möglicherweise wollte man so das Jagdglück beschwören.

Mit Übernahme der steinzeitlichen Megalithkultur wurden die Menschen seßhaft. Sie begannen, Ackerbau zu treiben und an ein Leben nach dem Tod zu glauben. Dieses neue Gedankengut fand in Ideogrammen – geometrischen Zeichen, die als Symbol für eine Idee standen – auch Eingang in ihre Kunst. Ein oft verwendetes Ideogramm ist zum Beispiel die Spirale, die vermutlich die Unendlichkeit des Anfangs und des Endes symbolisieren soll. Sie scheint eine Art Schlüssel zur Unsterblichkeit gewesen zu sein. Als kompliziertere Form der Spirale wird das sich rückwindende Labyrinth interpretiert. Die Windungen beschreiben möglicherweise uralte symbolische Vorstellungen des Menschen vom Verlauf seines Lebens bis zum Tod und der Wiedergeburt im Jenseits. Beide Zeichen dürften in der Megalithkultur eine wichtige Rolle bei Initiationsriten gespielt haben. Priestern mögen sie dazu gedient haben, ihre Schüler in die Geheimnisse von Geburt und Tod einzuweihen.

Wissenschaftler gliedern die neolithische Symbolkunst in drei Stilrichtungen. Unvergleichlich in der künstlerischen Ausführung sind die in Kalkstein gemeißelten Spiralen und Kreise, die man nur auf Malta an den dortigen Tempelbauten findet. Etwa zeitgleich entstanden in Westeuropa die geräumigen Grabkammern der Megalithkultur. Ihr Dekor besteht aus sorgfältig mit Steinwerkzeugen herausgearbeiteten, zusammenhängenden Gruppen abstrakter Motive (Kreise, Bögen, Spiralen, Labyrinthe, Zickzacklinien, auch Sonnensymbole). Diese sogenannte Ganggrabkunst ist besonders eindrucksvoll auf der Insel Gavrinis (Bretagne) und am Tumulus von New Grange (Irland) zu bewundern. Vermutlich diente die Spirale als eine Art Leitfaden, der den Verstorbenen in die nächste Welt führen sollte.

Viel weiter, nämlich auf allen Kontinenten, ist die dritte der neolithischen Kunstrichtungen verbreitet. In Felswände, liegende Felsplatten oder einzelne Geröllblöcke, manchmal auch in von Menschenhand errichtete Steinsetzungen wurden von Ringen umgebene »Schälchen« und gelegentlich auch Spiralen geritzt. Bei den Schälchen handelt es sich um runde Eintiefungen, in die möglicherweise einfache, prähistorische Geräte zur Himmelsbeobachtung eingesetzt wurden. Schwerpunktmäßig trifft man diesen – künstlerisch wenig anspruchsvollen – Dekorstil im Nordwesten der Iberischen Halbinsel an. Den Petroglyphen von La Palma wird von der Forschung heute eine Mittelstellung zwischen der Ganggrabkunst und dem Schälchen- und Ring-Stil eingeräumt. In Art und Ausführung ähneln die palmerischen Symbole verblüffend denen der Ganggrabkunst. Doch wurden sie nicht an Grabkammern angebracht, sondern treten stets unter freiem Himmel an vorspringenden Felsen, einzelnen Gesteinsblöcken oder in Quellnischen auf. Lange hielten die Wissenschaftler sie in dieser Form für einmalig. Doch entdeckte man in jüngerer Zeit ähnliche Petroglyphen im nahegelegenen Nordafrika (Atlasgebirge, Sahara). Dort werden sie auf 2000–1000 v. Chr. datiert. Das genaue Alter der kanarischen Felsritzungen ist unbekannt, sie können aber frühestens um 500 v. Chr. von den ersten Einwanderern auf die Inseln gebracht worden sein. Als die spanischen Conquistadoren eintrafen, scheinen sie schon außer Gebrauch gewesen zu sein, da die Chronisten sie nicht erwähnen. Warum die spiralförmigen Petroglyphen gerade auf La Palma in so großer Zahl auftreten, bleibt ein Rätsel. Auch wird eine wirkliche Entzifferung vielleicht nie möglich sein. Nach wie vor fehlt jeder Beweis dafür, daß ein bestimmtes Symbol eine genau festgelegte Bedeutung hatte. So bleibt es damals wie heute dem Betrachter überlassen, die Zeichen nach seinen Vorstellungen zu interpretieren...

Allroundkünstler Kiefer

An den trockeneren Südwesthängen La Palmas, die im Lee der Passatwinde liegen, wächst ab 500 m Höhe ein lichtdurchfluteter Kiefernwald, in dem die Kanarische Kiefer praktisch der einzige Baum ist. Auch im feuchteren Norden der Insel sind solche Wälder zu finden. Dort wachsen sie in der niederschlagsarmen Zone oberhalb des Lorbeerwaldes bis in Höhen von 2000 m. Die Bodenvegetation im Kiefernwald ist spärlich. Meist wächst hier nur die Beinwellblättrige Zistrose mit ihren großen, rosafarbenen Blüten, die an unsere Heckenrosen erinnern. Manchmal treten der Sprossende Zwergginster mit weißen Blüten und sein gelbblühender Verwandter, die Blättchenreiche Drüsenfrucht, hinzu. Beide werden von den Bauern als Viehfutter genutzt und zu diesem Zweck auch häufig auf Feldern angebaut.

Bei Vulkaneruptionen geht ein Feuerregen aus Gas und Asche auf die Umgebung nieder. Da kommt es – zumal in trockenen Wäldern, die auf kargen Böden gedeihen – leicht zur »Initialzündung«. Rasch kann sich dann aus einer kleinen Flamme auf natürliche Weise ein ausgedehnter Waldbrand entwickeln. Die Kanarische Kiefer mußte sich, wollte sie in jungvulkanischen Gebieten wie der Cumbre Vieja überleben, an diese Verhältnisse anpassen. So ist sie im Verlauf der Evolutionsgeschichte feuerresistent geworden – eine Eigenschaft, die sie von anderen Kiefernarten unterscheidet. Eine mächtige Borke schützt sie vor den Flammen. Nadeln und Zweige verbrennen zwar, doch schon im nächsten Frühjahr treiben Stamm und größere Äste wieder aus. So übersteht der Baum auch die vom Menschen verursachten Waldbrände, die auf La Palma recht häufig zu beklagen sind, relativ unbeschadet.

Doch die Kanarische Kiefer kann noch mehr. Die berühmten kanarischen Balkone, Türen und Holzdecken, die man allerorten, in besonderer Vollendung aber in der Inselhauptstadt Santa Cruz bewundern kann, sind aus ihrem Holz geschnitzt – genauer gesagt aus dem rötlichen, harzdurchtränkten Kernholz, das die Palmeros *tea* (Kienspan) nennen. Es gilt als hervorragendes Bauholz, da es sehr fest und widerstandsfähig gegen Insektenfraß ist.

Obwohl sich bei allen Kiefernarten früher oder später das junge, weiche, saftreiche Splintholz in Kernholz verwandelt, scheint doch dieser natürliche Alterungsprozeß bei der Kanarischen Kiefer besonders rasch abzulaufen. Forstwissenschaftler machen dafür die mangelhafte Wasserversorgung auf den trockenen Standorten, die der Baum im allgemeinen besiedelt, verantwortlich. Im Inneren des Stamms stauen sich Stoffwechselschlacken an, das Wasserleitsystem wird funktionsunfähig, die Zellen sterben ab. In der Folge füllen sich die Hohlräume mit Harz, das für die dunkle Verfärbung des ursprünglich hellen Holzes verantwortlich ist. Kernholz bildet sich in der Regel nach 20 bis 40 Jahren. Die Einheimischen erkennen Bäume mit tea daran, daß ihr Geäst im oberen Drittel des Stamms eine andere, eher rundliche Form annimmt.

Träger und Dachbalken aus dem rötlichen Kienholz verleihen Häusern Stabilität. Man fertigte früher allerlei Möbel daraus und stellte aus ganzen Stämmen sogar Wasserleitungen her. Im Nordwesten La Palmas, in den Gemeinden Tijarafe, Puntagorda und Garafía, fand tea auch für Weinfässer Verwendung. Das Naturharz korrigiert die Säure des Weins, der dadurch einen ganz speziellen Geschmack annimmt. Unter der Bezeichnung *brea* (Kienpech) diente das Naturharz zum Kalfatern, also dem Abdichten von Fugen in Bootsrümpfen. Köhler gewannen es aus Kiefernholz durch Destillation in steinernen Pechöfen *(hornos de brea)*.

In den letzten Jahren ist die Nutzung von tea auf La Palma stark zurückgegangen. Es ist weitgehend durch ausländisches Importholz ersetzt worden. Zurückzuführen ist dies auf Abholzungsverbote, die dazu dienen sollen, die Wälder der Insel zu erhalten. Probleme gibt es dann, wenn wertvolles traditionelles Schnitzwerk z. B. durch Feuer vernichtet wird. Ersatz für die Restaurierung zu beschaffen ist gar nicht so einfach. Entweder man führt tea von anderen Inseln ein, wo die Kanarische Kiefer zum Teil noch nicht so streng geschützt ist wie auf La Palma. Oder man verwendet altes Holz von abgerissenen Gebäuden, das aber nach Angaben von Zimmerleuten kaum eine brauchbare Alternative darstellt.

Geblieben ist trotz allem ein Sprichwort, das besagt, die Palmeros hätten ein Herz aus tea: hart und widerstandsfähig. Es ist sehr schwierig dorthin vorzudringen. Doch haben sie einen erst einmal ins Herz geschlossen, dann bleibt es für immer dabei.

Eine Arche Noah für den Lorbeerwald

»Bienvenido – Reserva Mundial de la Biósfera« (Willkommen – Welt-Biosphärenreservat) heißt es auf einem Schild an der Gemeindegrenze von San Andrés y Los Sauces. Dies mag die vage Hoffnung der Stadtväter zum Ausdruck bringen, vielleicht doch ein paar Besucher in den bislang vom Fremdenverkehr vernachlässigten Nordosten La Palmas zu locken. Niederschlagsreichtum und häufiger Nebel waren hier bis heute gewichtige Hindernisse auf dem Weg zu einer touristischen Entwicklung. Doch der vermeintliche Nachteil – dem das Wachtum ausgedehnter Lorbeerwälder oberhalb von Los Sauces zu verdanken ist – könnte sich bald als Vorteil erweisen.

1983 wurde im Gemeindegebiet von San Andrés y Los Sauces das Biosphärenreservat »El Canal y Los Tilos« eingerichtet. Es umfaßt den oberen Teil des Barranco del Agua sowie das Quellgebiet von Marcos y Cordero, eine der wasserreichsten Zonen La Palmas. Rund um Los Tilos gedeiht der am besten erhaltene Lorbeerwald der Kanarischen Inseln. Namengebend für die Gegend war der selten gewordene Stinklorbeer (span. *tilo*), der hier noch dichte Bestände bildet. Der stattliche Baum verdankt seinen Namen der Tatsache, daß sein frisch geschlagenes Holz einen unangenehmen Geruch verströmt, der jedoch bald verfliegt. Er ist an seinen eichelähnlichen Früchten zu erkennen. Aber auch viele andere Pflanzen des Lorbeerwalds trifft man bei Los Tilos an (s. Tour 25).

Immer mehr Wanderer und Naturliebhaber zieht Los Tilos in seinen Bann. Doch das ehrgeizige Konzept der Biosphärenreservate geht weit über die Tourismusförderung hinaus. 1968 rief die UNESCO als Organisation für Erziehung, Wissenschaft und Kultur der Vereinten Nationen das MAB-Programm (*Man and Biosphere* = Mensch und Biosphäre) ins Leben. In jeder biogeographischen Provinz der Erde – die Forscher der UNESCO konnten 193 davon ausfindig machen – werden ein oder mehrere Gebiete ausgewiesen, in denen sich wertvolle Lebensräume für Pflanzen und Tiere befinden und die traditionelle Landnutzung schon bisher möglichst naturschonend durchgeführt wurde. Zu Beginn des 21. Jh. gab es weltweit bereits mehr als 300 Biosphärenreservate. Von herkömmlichen Schutzgebieten unterscheiden sie sich dadurch, daß die Grenze zwischen Natur und Mensch nicht mehr scharf gezogen wird. Vielmehr gibt es rund um die Kernzone – die »echte« Wildnis – mehrere Pufferzonen, in denen Tourismus und schonende Nutzung durch die ansässige Bevölkerung – Holzsammeln, gelegentliche Jagd sowie traditionelle Formen der Landwirtschaft und Siedlung – ihren Platz finden. In den Kernzonen soll das genetische Material der dort lebenden Tier- und Pflanzenarten in seiner Vielfalt bewahrt werden.

Dahinter stecken nicht nur ideelle Motive, sondern auch der Versuch, Arten vor dem Aussterben zu bewahren, die heute noch keinen ersichtlichen Wert haben, in Zukunft jedoch – z. B. für die Entwicklung neuer Medikamente – von Bedeutung sein könnten. Demgegenüber steht in den Pufferzonen der Mensch im Vordergrund. Bei-

spielhaft wollen die UNESCO-Forscher in Zusammenarbeit mit der örtlichen Bevölkerung umweltverträgliche Nutzungsformen erproben, die später auf andere Gebiete übertragen werden können, um das langfristige Überleben der Menschheit zu sichern.

Weltweit koordiniert wird Umweltforschung in den Biosphärenreservaten betrieben. Zu diesem Zweck errichtete man in Los Tilos ein Forschungszentrum (*Centro de Investigación*), in dem grundlegende Informationen über den Lorbeerwald und die durch menschliche Eingriffe hervorgerufenen Veränderungen gesammelt werden sollen. Aber auch die Umweltbildung wird nicht zu kurz kommen. Dafür sorgen Ausstellungen, Seminare und Jugendarbeit. Probleme gibt es derzeit noch genug. So fehlt es in der Bevölkerung an Akzeptanz. Mit der eingeschränkten Nutzung werden eher Nach- als Vorteile verbunden. Viele Bauern fällen nach wie vor junge Bäume, um die Stämme als Stützstangen in den Bananenplantagen zu verwenden. Die vollständig geschützten Flächen sind im Gelände nicht gekennzeichnet. Aber auch das fortschreitende Austrocknen des Quellgebiets von Marcos y Cordero, aus dem der Lorbeerwald von Los Tilos zum Teil seine Feuchtigkeit bezieht, bereitet den Forschern Sorge. Seit das zuvor nur 511 ha »kleine« Biosphärenreservat 1998 auf 13 000 ha erweitert wurde, hoffen sie, die Ziele des UNESCO-Programms besser erfüllen zu können. (Zum Vergleich: Das wohl bekannteste der 12 deutschen Biosphärenreservate – die Rhön – umfaßt ca. 185 000 ha.)

Weine und Vulkane des Südens

Volcán San Antonio und Volcán Teneguía

Beeindruckend ist der Blick in den Krater des imposanten Volcán San Antonio. Durch Weinberge geht es dann zum jüngsten Vulkan der Kanarischen Inseln, dem Teneguía. Auf dem Roque sind prähistorische Felsritzungen zu entdecken.

DIE WANDERUNG IN KÜRZE

+++
Anspruch

3 Std.
Gehzeit

300 m
An-/Abstieg

Charakter: Mit Vulkanasche bedeckte Pfade, Feldwege und Pisten. Zum Gipfel des Teneguía steiniger Pfad

Einkehrmöglichkeiten: In Fuencaliente gibt es neben mehreren einfachen Gasthäusern das große Restaurant Llanovid bei den Bodegas Teneguía, wo man typisch kanarische Gerichte verkosten kann.

Anfahrt: Mit dem Pkw: Fuencaliente liegt an der Straße, die Santa Cruz über die Südspitze La Palmas mit Los Llanos verbindet. In Fuencaliente folgt man der Beschilderung Richtung »Volcán de San Antonio«, biegt aber nicht unterhalb des Ortes in die Piste zum Parkplatz am Vulkankrater ein, sondern fährt weiter geradeaus. An der näch-

sten Straßengabelung links Richtung Los Quemados. Ausgangspunkt der Wanderung ist die Straßenkurve vor Los Quemados. **Mit dem Bus:** Linie 3 von Los Llanos, 2–6 x tägl.; Linie 8 von Santa Cruz, 3–7 x tägl. Der Beschilderung »Volcán de San Antonio« von der Hauptstraße in Fuencaliente (gegenüber dem Haus Nr. 24) abwärts folgen bis zu einer Kreuzung, dort rechts gehen. An der Zufahrt zur Bodega Teneguía (Rest. Llanovid) vorbei, 50 m dahinter rechts einbiegen, an einer Neubausiedlung vorbei und geradeaus weiter auf einer steinigen Piste, die nochmals eine Straße überquert, zum Parkplatz am Volcán San Antonio (15 Min. ab Fuencaliente). Dort beginnt man in diesem Fall die Wanderung.

Ausgangspunkt der Wanderung ist die **Straßenkurve** vor dem Ort **Los Quemados,** wo rund um eine gefaßte Quelle ein kleiner Park angelegt wurde. Im Scheitelpunkt der Kurve zweigt eine Piste Richtung »Volcán Teneguía« ab. Ihr folgt man hang-

parallel durch Weinberge. (Für den Fall, daß man in der Straßenkurve keine Parkmöglichkeit findet, sollte man noch etwa 300 m in die Piste hineinfahren. Dort gibt es zur Linken eine Parkmöglichkeit.) Nach etwa 10 Gehminuten zweigt links ein von niedrigen Steinmauern gesäumter Weg ab. Auf diesem steigen wir in steilen Serpentinen über dunkle Vulkanasche bergan.

Aufgelassene Terrassen zeugen noch von der einstigen Nutzung des Hangs als Weinberg. Doch schon sprießt die natürliche Vegetation, bestehend aus dem Mondampferstrauch mit seinen ledrigen Blättern, der thymianähnlichen Palma-Bergminze und dem Kurzzweigigen Natternkopf mit seinen weißen Blüten. In einem kleinen Kiefernhain am Wegrand lassen sich in den Wintermonaten Orchideen mit hellgrünen, lanzettförmigen Blättern und duftenden, grünen Blüten entdecken. Es handelt sich um den Kanarenstendel, der feuchte, felsige Standorte besiedelt.

Der Weg quert einen **abgedeckten Wasserkanal** und erreicht 5 Min. später den **Parkplatz am San Antonio** (30 Min.). Wenige Meter weiter rechts beginnt ein Abstecher, der auf den Kraterrand des beeindruckenden Vulkans führt. Zur Linken fällt der Blick in den mit Kiefern bewachsenen Kratergrund, rechts schauen wir weit über die Südwestküste La Palmas. (Achtung! Bei starkem Wind sollte man gegebenenfalls auf diesen Abstecher verzichten. Es besteht dann die Gefahr, umgeweht zu werden.) Bei einem Durchgangsverbotsschild, auf das wir treffen, nachdem wir den Krater zu einem Drittel umrundet haben, kehren wir um und laufen zum **Parkplatz** zurück (50 Min.).

An der Stelle, an der die breite Zufahrtspiste in den Parkplatz mündet, steht ein **Kassenhäuschen.** Links daneben zweigt in östlicher Richtung eine schmalere Piste ab, die wir nun einschlagen. Sie schwenkt bald nach rechts, biegt dann wieder nach links

um und führt sanft an einem südexponierten Hang abwärts.

In der dunklen Vulkanasche fühlen sich zahlreiche Eidechsen wohl. Zur Rechten überblickt man ausgedehnte Weinberge. Bald kommen auch die Salinen an der Punta de Fuencaliente in Sicht. Später wird der Untergrund von rötlichen und ockergelben Tuffen gebildet. Zu den schon vom Anstieg zum San Antonio bekannten Pflanzenarten gesellt sich hier in größerer Zahl die Goldgelbe Todaroa hinzu, ein Doldenblütler, dessen Blätter an Kerbel erinnern.

Die Piste beschreibt eine Linkskurve und führt in ein flaches, mit Weinreben bestandenes Tal. Gleich zu Beginn des ersten **Weinberges** zweigen links kurz hintereinander zwei breite Wege ab (1.10 Std.). Genau gegenüber von dem ersten führt uns rechts ein schmalerer Pfad im spitzen Winkel von der Piste weg und oberhalb der Weinfelder an der rechten Talflanke abwärts. Wir laufen stets am Rand der Weinfelder, diese zur Linken. Der zu Beginn recht steile Abstieg wird bald sanfter, der Weg nun wesentlich breiter. Zu beiden Seiten dehnen sich nun die Weinfelder aus. Man kann hier beobachten, unter welch mühseligen Bedingungen die Reben gezogen werden.

Hinter niedrigen Mauern ducken sich die Weinstöcke dicht an den Boden, um sich vor dem häufig recht kräftig wehenden Wind zu schützen. Niedrige Astgabeln halten die Pflanzen von der heißen Vulkanasche fern, damit die Trauben keine Berührung mit dem Boden bekommen und verderben. Man sollte im Herbst der Versuchung widerstehen, von den reifen Trauben zu naschen! Die Bauern sehen es nicht gerne. Ohnehin handelt es sich nicht um Tafeltrauben, sondern um kernreiche Ware, die nur zur Weinherstellung verwendet wird.

Nach 1.20 Std. Gehzeit trifft man auf eine x-förmige **Pistenkreuzung und** hält sich rechts. 150 m weiter mündet von links in spitzem Winkel ein weiterer Fahrweg, den wir nicht beachten; statt dessen gehen wir geradeaus weiter. Rechts erhebt sich, durch seine dunkle Färbung und die fast völlige Vegetationslosigkeit unverkennbar, der Volcán San Antonio. Man passiert einen kleineren, schon wesentlich dichter begrünten **Vulkankegel, die Montaña del Mago.** Links voraus ist bereits das nächste Ziel, der völlig kahle Teneguía, zu erkennen.

Kurz darauf zweigt eine Fahrspur links ab, die wir nicht beachten. Man läuft hangparallel noch etwa 50 m weiter, an einem letzten Weinberg vorbei, und trifft auf eine **Pistengabelung.** Hier hält man sich links und geht sanft bergab auf den Teneguía zu, wobei ein abgedeckter Wasserkanal gequert wird, der den Weg nun für ein kurzes Stück begleitet. Einen Fahrweg, der kurz darauf nach links abzweigt, ignoriert man.

Nach 1.45 Std. Gehzeit ist der **Parkplatz** unterhalb des Teneguía-Vulkans erreicht. Den schmalen Fahrweg, der hier rechts abzweigt, merken wir uns für den Rückweg.

Zunächst jedoch machen wir einen Abstecher zum Gipfel des Teneguía. Ein schmaler Pfad im hinteren Teil der Parkbucht führt zu einem Felsgrat, auf dem es steil aufwärts geht. (Wer diesen Abstecher unternimmt, sollte unbedingt trittsicher und schwindelfrei sein!) Auf einer schmalen Passage, kurz vor Erreichen des Gipfels, ist das Vulkangestein durch Schwefelausfällungen weißlich bis gelb gefärbt. Die Erde ist hier an manchen Tagen so warm, daß man sie kaum mit der Hand berühren kann. Auf dem Kraterrand kann man noch bis zur **Südspitze** des **Volcán Teneguía** weiterlaufen (2 Std.), von wo man einen schönen Ausblick auf die Südküste La Palmas genießt.

Noch bevor wir diesen erreichen, zweigt rechts ein breiter Pfad ab. Diesen beachten wir nicht (er führt in ca. 1 Std. hinab zum Faro de Fuencaliente). Vielmehr kehren wir zum **Parkplatz** zurück und biegen dahinter von der Hauptpiste links in den schmalen Fahrweg ein (s. o.), der uns in westlicher Richtung durch ein fast vegetationsloses Lavaschlackenfeld führt. Vor einem **großen Wasserbehälter** gabelt sich 5 Min. später der Weg. Man hält rechts auf den abgedeckten Wasserkanal zu, überklettert ihn und geht dann, den Kanal zur Linken, auf einem schmalen Pfad weiter. Wir um-

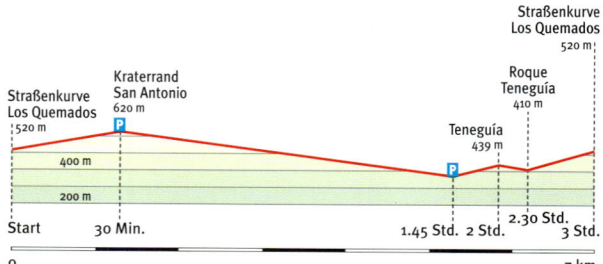

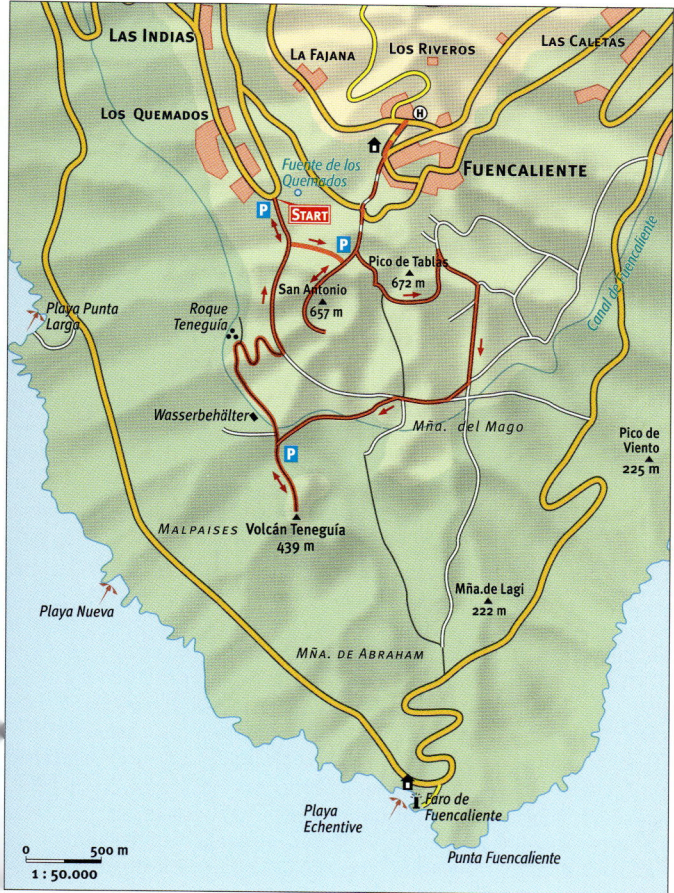

runden eine flache Talmulde und treffen kurz darauf, noch vor einem mit roten Ziegeln gedeckten, winzigen Wasserhaus, auf eine Trittspur, die rechts abzweigt. Auf ihr steigen wir schräg zum Hang aufwärts.

Vor uns erhebt sich nun der ockerfarbene Roque Teneguía. Zur Linken blickt man auf Bananenplantagen, die direkt am Meer auf jungen Lavaströmen angelegt wurden. Der dazu nötige Boden wurde aus Lehmgruben bei El Paso herangefahren. Der Wasserkanal, der schon mehrfach

den Weg kreuzte, wurde 1974 gebaut, um die Bananen bewässern zu können. Er führt das kostbare Naß aus dem Quellgebiet Marcos y Cordero im regenreichen Nordosten der Insel über viele Kilometer hinweg hierher. Um die von Umweltschützern oft kritisierten hohen Wasserverluste aus dem undichten Kanalbett in Zukunft zu vermeiden, wurde die Leitung jüngst mit einer Kunststoffolie ausgekleidet.

Der Pfad mündet am oberen Rand des **Roque Teneguía** (2.30 Std.). An

Volcán Teneguía

der südexponierten flachen Seite des Felsens lassen sich zahlreiche, allerdings schon stark verwitterte spiralförmige Felsritzungen der Ureinwohner entdecken (s. S. 10f.).

Nachdem wir die **Petroglyphen** besichtigt haben, wenden wir uns auf einem breiten Weg hangaufwärts, den Roque Teneguía im Rücken. An der Flanke des vor uns aufragenden Vulkans San Antonio ist die Begrenzungsmauer der Piste zu erkennen, die von Los Quemados zum Teneguía führt. Zu ihr steigen wir nun hinauf. Schmalere Pfade, die an dieser Stelle in verschiedene Richtungen abzweigen, bleiben unbeachtet. Nach etwa 50 m hält man sich an einer Gabelung rechts. In Serpentinen, die durch schmale Trampelpfade abgeschnitten werden können, gelangt man zur Piste (2.50 Std.). Auf dieser gehen wir links zurück zum Ausgangspunkt,

wobei wir 5 Min. später die Stelle passieren, wo der schon bekannte Weg zum San Antonio abzweigt. Vor uns leuchten die hellroten Ziegeldächer des malerisch gelegenen Ortes Los Quemados. Nach 3 Std. stehen wir wieder in der Straßenkurve oberhalb des Dorfs. Es lohnt sich, zur **Fuente de Los Quemados** hinüberzugehen. Oberhalb der Straße versteckt sich hinter einer Gittertür eine winzige Zisterne. In der Kurvenschlinge wurde ein kleiner Park mit Steintischen und -bänken angelegt. Hier befindet sich die eigentliche Quelle, aus der aber meistens nur wenig Wasser rinnt.

Weinbau und Vulkane

Beim Ausbruch des San Antonio um die Jahreswende 1677/78 wurden in der Umgebung von Fuencaliente große Flächen unter vulkanischen Auswurfmassen (Aschen und Lapilli) begraben und für die Landwirtschaft unbrauchbar gemacht. Im 18. Jh. entdeckte man die hervorragende Eignung dieses Bodens für den Weinanbau. Die porösen Lavabrocken besitzen feuchtigkeitsbindende Wirkung. Tagsüber erwärmt sich das dunkle Gestein sehr stark, kühlt dafür aber abends um so rascher ab. Dadurch wird die nächtliche Taubildung gefördert. Das in der Nacht gespeicherte Tauwasser geben die Lapilli tagsüber an die Rebstöcke ab.

In Fuencaliente kann man den lokalen Wein in zwei Kellereien probieren und kaufen. An der Straße nach Las Indias stehen die **Bodegas Carballo** (Mo–Sa 10–13, 15–17 Uhr). Die größere Weinkellerei, die **Bodegas Teneguía,** liegt am südwestlichen Ortsrand etwas unterhalb der Hauptstraße. Beide bieten den traditionellen Malvasier an, einen schweren Südwein, der heute kaum noch produziert wird. Leichtere, als Tischwein geeignete Sorten sind die weißen *listán blanco* und *bujariego* sowie der herbe Rotwein *negramol.*

Auf der Lava und der Asche, die 1971 beim Ausbruch des Teneguía aus 26 verschiedenen Spalten drangen, konnte bisher, ebenso wie auf dem Vulkan selbst, die Vegetation kaum Fuß fassen. Zehntausende von Besuchern kamen damals mit Sonderflügen oder gecharterten Maschinen nach La Palma, um diesen jüngsten Vulkanausbruch der Kanarischen Inseln mitzuerleben. Im Verlauf der Eruption ergoß sich ein breiter Lavastrom bis zur Südspitze hinunter. Noch heute spürt man auf dem Kraterrand des Teneguía die Erdwärme, allerdings mit schwankender Intensität. An manchen Tagen werden in Oberflächennähe bis zu 200 °C erreicht. Auch heiße, schwefelhaltige Dämpfe dringen an einigen Stellen aus dem Boden.

Beim Roque Teneguía handelt es sich um die durch Erosion herauspräparierte Schlotfüllung eines alten Vulkans. Auf La Palma sind solche Roques – die auf der Nachbarinsel Gomera landschaftsprägend sind – selten zu sehen. Der Roque Teneguía besteht aus Phonolith, einem Vulkangestein, das aus zähflüssigem Magma entstand. Dieses Magma blieb während des Ausbruchs im Vulkanschlot stecken und erstarrte dort. Durch Erosionskräfte wurden später die lockeren Außenwände des Vulkans abgetragen und dabei die – relativ widerstandsfähige – Schlotfüllung freigelegt.

Hinweis

Nach der Wanderung bietet es sich an, zum Baden zur Südwestküste hinunterzufahren. Unterhalb von Las Indias, wo sich die Straße gabelt, gelangt man nach rechts zum sandigkiesigen Doppelstrand **Playas de la Zamora.** Nach links geht es hingegen zur **Playa Punta Larga,** die zwar zum Baden nicht sonderlich geeignet ist, wo sich jedoch mit dem Kiosco Punta Larga ein recht uriges Strandrestaurant befindet.

Durch Bananenplantagen kann man zur einsamen **Playa Nueva** weiterfahren und vielleicht einen Abstecher zum **Faro** (Leuchtturm) an der Südspitze der Insel machen. In dessen Nähe liegt die einzige noch in Betrieb befindliche Saline von La Palma, wo man in geringen Mengen Speisesalz für den Inselbedarf gewinnt. Dort lädt an der kleinen **Playa Echentive** der Kiosco El Faro zur Rast ein.

Der rote Feuerberg

Zum Volcán Martín bei Fuencaliente

Durch stillen Kiefernwald und über dunkle Vulkanaschefelder führt die Ruta de los Volcanes steil aufwärts. Man erklimmt den kahlen, rötlich schimmernden Gipfel des Volcán Martín, von wo aus sich eine hervorragende Rundumsicht bietet.

DIE WANDERUNG IN KÜRZE

++
Anspruch

3 Std.
Gehzeit

400 km
An-/Abstieg

Charakter: Wege und Pfade auf Vulkanasche

Einkehrmöglichkeiten: Nur in Fuencaliente

Anfahrt: Mit dem Pkw: Von Villa de Mazo kommend ca. 500 m hinter dem Ortsschild »Fuencaliente« an der ersten Abzweigung rechts, dann wieder rechts. Nach weiteren ca. 100 m links in eine Piste. Diese ist recht holprig und nur geübten Fahrern zu empfehlen. An der ersten Pistengabelung links, an einem Fußballplatz vorbei. Oberhalb von diesem rechts. An einer weiteren Gabelung (ca. 1,5 km ab Fuencaliente) folgt man der Beschilderung »M.U.P. Fuencaliente, Llano de los Cestos«. Man passiert ein einsames Betongebäude, weiter aufwärts. An einer Gabelung etwa 2,5

km ab Fuencaliente folgt man der gleichen Beschilderung nach links. Man umrundet die Montaña de los Arreboles (bewaldeter Vulkankegel) und quert eine Ebene mit groben Gesteinsblöcken. An einer weiteren Gabelung links (Beschilderung» El Paso«). Etwa 6 km hinter Fuencaliente an einer Gabelung rechts Richtung »El Paso«. Es ist nun nicht mehr weit bis zu einer weiteren Pistenverzweigung, in deren Nähe man den Wagen parkt. **Mit dem Bus:** Linie 3 von Los Llanos, 2–6 x tägl.; Linie 8 von Santa Cruz, 3–7 x tägl. Auf Waldpisten zu Fuß auf dem für Autofahrer beschriebenen Anfahrtsweg zum Ausgangspunkt, etwa 1.45 Std. pro Strecke; zusätzlicher Höhenunterschied ca. 500 m.

Genau in der Mitte der **Pistengabelung,** an der man das Auto abgestellt hat oder die man zu Fuß erreicht, führt ein mit »Ruta de los Volcanes« beschilderter Fußweg steil durch Kiefernwald bergauf. Bald schon quert ein schmaler Fahrweg unsere

Route (10 Min.). Hier bietet sich nach links ein Abstecher zur **Fuente del Tión** an. Auf dem ansteigenden Weg ist nach weiteren 5 Min. die gefaßte Quelle erreicht. Im oberen Bereich tropft unablässig Wasser in eine verschlossene Zisterne. Unterhalb des Wegs befindet sich ein Wasserhahn, wo man seine Feldflasche auffüllen kann.

Dann geht es zurück zur **Ruta de los Volcanes** (20 Min.), der wir weiter bergauf folgen. Der sorgfältig angelegte, von Steinen eingefaßte Weg führt über ein dunkles, vereinzelt mit jungen Kiefern bewachsenes Vulkanaschefeld. Unser Ziel, der Volcán Martín (1602 m), ist mit seinem rötlichen Gipfel voraus schon gut zu erkennen. Zur Rechten erhebt sich die Montaña Pelada (1422 m).

Nach Passieren eines **Ascherückens** (1 Std.) geht es ein paar Schritte in eine Senke hinab, dahinter wieder bergauf. Zur Rechten sieht man einen breiten Weg direkt vom Gipfel des Vulkans herunterkommen, geht zu diesem jedoch nicht hinüber. Unser Pfad gabelt sich am jenseitigen Rand der Senke. Wir halten uns auf dem breiteren, durch einzelne Steine markierten Weg links und steigen nun zu einem Sattel an der Westflanke des Volcán Martín hinauf. Einen schmaleren Weg, der 5 Min. später im spitzen Winkel von rechts einmündet, beachten wir nicht, merken uns die Abzweigung aber für den Rückweg.

Nach weiteren 5 Min. ist der **Sattel** erreicht, und es geht jetzt ohne größere Höhenunterschiede in einer Mulde zwischen dem Volcán Martín und dem westlich benachbarten Gipfel der Hoya de la Manteca weiter. Bald verläßt der Weg die Mulde und hält sich nun entlang der Flanke des Volcán Martín. Ein undeutlicher Pfad, der links abzweigend in der Senke weiterführt, bleibt wiederum unbeachtet.

Dann gilt es aufzupassen! Vor einem weiteren Sattel zweigt rechts, bevor der Hauptweg den Volcán Martín hinter sich läßt, ein schmaler,

Aufstieg zum Volcán Martín

nur schwer auszumachender Pfad ab (1.15 Std.). Dieser gabelt sich schon nach etwa 10 m. Die linke Spur führt auf den Nordrand des Vulkans. Wir aber folgen zunächst der rechten Spur steil bergauf und am westlichen Kraterrand entlang, bis zum höchsten Punkt des **Volcán Martín** (1.30 Std.). Hier oben weht meistens ein recht kräftiger Wind. Dafür genießt man bei klarer Wetterlage einen hervorragenden Ausblick auf die Nachbarinseln Teneriffa, Gomera und Hierro. Es wird nun auch ersichtlich, daß es sich um einen Doppelvulkan mit zwei Kratern handelt. Am Martinstag (11. 9.) des Jahres 1646 ergossen sich die Lavamassen des Vulkans bis hinab zur Südostküste und schoben sich dort ins Meer. Dabei entstanden die Montes de Luna (Mondberge), eine unwirtliche Landschaft, durch die heute die Straße von Villa de Mazo nach Fuencaliente führt.

Wir kehren zur letzten Gabelung zurück und folgen nun dem Pfad am Nordrand des oberen Kraters entlang nach rechts. An der niedrigsten Stelle des Kraterrands führt eine Spur steil in den Kratergrund. Man

2

Tour

muß auf grobem Lavaschutt abwärtsrutschen. Wer nicht trittsicher ist, sollte sich diesen Abstecher ersparen. An der gegenüberliegenden Innenwand des Kraters befindet sich eine **große Höhle,** die hin und wieder von Hirten als Unterstand genutzt wird (1.50 Std.). Diese Stelle nennt sich **Fuente del Fuego.** Das von der Höhlendecke herabtropfende Wasser wird in ausgehöhlten Baumstämmen aber auch in aufgeschnittenen Plastikflaschen aufgefangen.

Wir kehren zum Kraterrand und von da zum Hauptweg zurück (2.10 Std.). Diesem folgt man nun auf links auf bereits vertrauter Strecke durch die Mulde zwischen dem Volcán Martín und der Hoya de la Manteca und weiter über den flachen Sattel. Dahinter achten wir in einer Kieferngruppe auf die oben bereits erwähnte **Weggabelung** (2.15 Std.), an der wir nun links den oberen Weg wählen. Er führt entlang der Flanke des Volcán Martín. Die Ruta de los Volcanes, auf der man am Hinweg hinaufgestiegen ist, liegt rechts in einer Mulde. Man hält jetzt auf die bewaldete Montaña Pelada mit ihrem charakteristischen Doppelgipfel zu.

Pfade, die rechts und links abzweigen, beachten wir nicht. Der Wanderweg ist mehr oder weniger deutlich mit Randsteinen markiert. Es geht steil bergab in eine mit jun-

gen Kiefern bewachsene Senke und in dieser weiter, die Montaña Pelada nun zur Rechten lassend. Links kommt der noch kaum verwitterte Lavastrom in Sicht, den der Volcán Martín bei seinem Ausbruch hinterlassen hat. Deutlich ist in der Mitte des Lavastroms eine tiefe Spalte zu erkennen, ein eingebrochener Lavatunnel. Im Bogen geht es östlich um die Montaña Pelada herum. Einen schmaleren Weg, der im spitzen Winkel einmündet, beachten wir nicht. Der Kiefernbewuchs wird dichter, die einzelnen Bäume größer. Im Wald zweigt nach 2.40 Std. Gehzeit ein Weg steil nach links hinunter ab, wir aber gehen geradeaus weiter. Zur Linken sieht man den bewaldeten Kraterrand des Vulkans Fuego, den der Weg jedoch nicht berührt. Man läuft, ohne weiter an Höhe zu verlieren, in einen geschlossenen **Kiefernwald** hinein. Wegen der Nadelstreu kann es sein, daß der Weg kaum zu erkennen ist, doch ist er stets durch Randsteine oder kleine Steinmännchen markiert.

Durch mehrere undeutliche Fahrspuren, die wir überqueren, lassen wir uns nicht irritieren. Nach 2.45 Std. gelangen wir an eine Wegkreuzung. Die Stelle ist daran zu erkennen, daß sich rechts voraus ein unbewaldeter Hügel erhebt, der mit ockerfarbenen Gesteinsbrocken übersät ist. Man biegt hier rechts ab

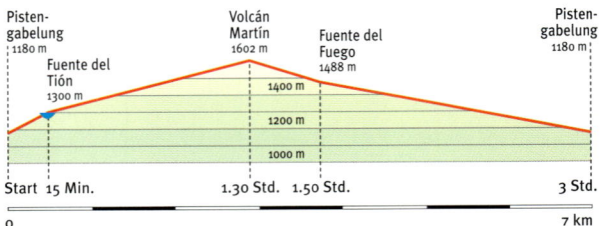

Pisten-
gabelung
1180 m

Fuente del
Tión
1300 m

Volcán
Martín
1602 m

Fuente del
Fuego
1488 m

Pisten-
gabelung
1180 m

1400 m

1200 m

1000 m

Start 15 Min.   1.30 Std. 1.50 Std.   3 Std.

0   7 km

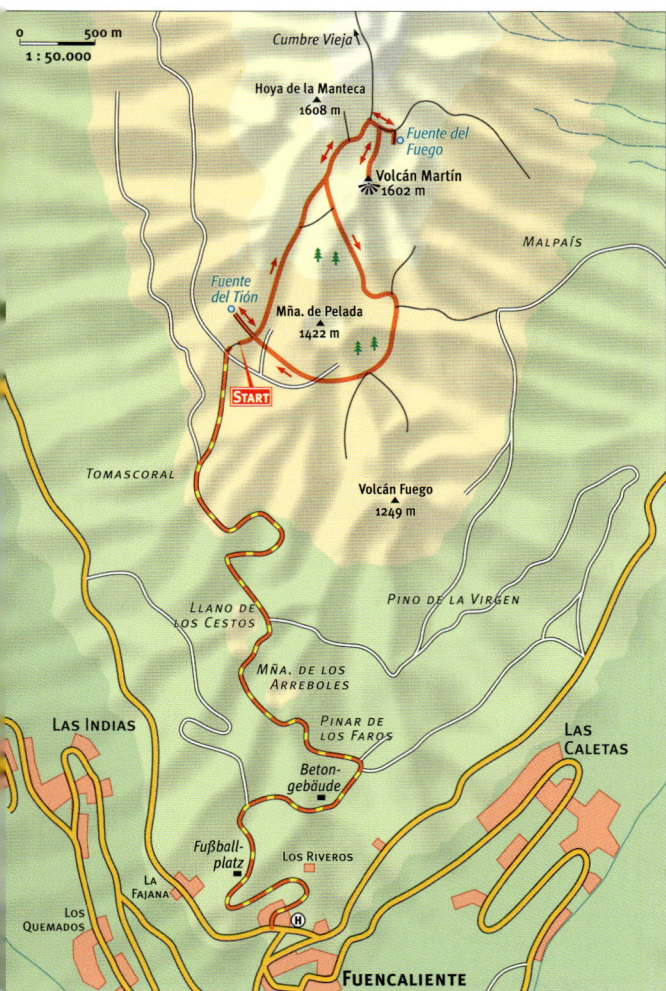

und erreicht nach etwa 15 m einen sichtlich selten benutzten Fahrweg. Diesen überquert man und läuft geradeaus auf dem mit Kantensteinen markierten Waldweg weiter. Beinahe hangparallel geht es weiter, links von uns ein dicht mit Kiefern bestandenes Plateau, zur Rechten die Abhänge der Montaña Pelada. Unser Weg schneidet im spitzen Winkel ei-

nen weiteren Fahrweg und führt geradeaus weiter. 3 Min. später stehen wir wieder auf der **Ruta de los Volcanes,** an der beschilderten Abzweigung zur Fuente del Tión, die wir bereits vom Hinweg kennen. Man folgt der Vulkanroute nach links bis zum **Ausgangspunkt** (3 Std.).

Auf der Vulkanroute

Von El Pilar über Hoyo Negro und Duraznero zur Deseada

Die Ruta de los Volcanes, die dem Kamm der Cumbre Vieja folgt, ist vielleicht der ›klassische Wanderweg‹ auf La Palma, von dem man bei klarem Wetter grandiose Ausblicke nach allen Seiten genießt.

DIE WANDERUNG IN KÜRZE

+++
Anspruch

5 Std.
Gehzeit

600 m
An-/Abstieg

Charakter: Wanderwege und Pfade auf Waldboden und Vulkanasche

Einkehrmöglichkeiten: Keine

Anfahrt: Mit dem Pkw: Das Camping- und Freizeitgelände El Pilar liegt am höchsten Punkt der alten Paßstraße über die Cumbre. Von der Ostseite der Insel kommend, fährt man nach San Isidro, einem Ortsteil von Breña Alta, der südlich des Hauptortes San Pedro liegt. Dort zweigt die mit »Cumbre« beschilderte Paßstraße bergauf ab. Von der Westseite La Palmas fährt man über El Paso Richtung Santa Cruz und biegt kurz vor dem Cumbre-Tunnel hinter einer markanten Linkskurve rechts in die alte Paßstraße ein. **Mit dem Bus:** Keine Linienbusver-

bindung! Man kann sich mit dem Taxi zum Campinggelände El Pilar fahren lassen, die gesamte Vulkanroute bis hinab nach Fuencaliente laufen (Gehzeit ab Deseada ca. 3,5 Std.) und von dort mit dem Bus (Linien 3 und 8) nach Los Llanos oder Santa Cruz fahren (je 2–7 x tägl.). Dazu folgt man der Hauptspur der Vulkanroute von der Deseada Richtung Süden bis zum Volcán Martín und läuft dann, wie bei Tour 2 beschrieben, in umgekehrter Richtung weiter.

Unterkunft: Für die Benutzung des Campinggeländes von El Pilar benötigt man eine Genehmigung der Umweltbehörde: Medio Ambiente, Santa Cruz, Plazoleta del Muelle, Tel. 9 22 41 11 91.

Ausgangspunkt ist das **Campinggelände El Pilar.** An der Südseite der Straße, quer über das dortige Picknickgelände, an einem Kinderspielplatz vorbei, liegt die nicht bewirtschaftete Schutzhütte *(Refugio)* am rückwärtigen Ende des Platzes. Rechts am Haus vorbei geht es noch

etwa 50 m weiter bis zu einer Betonzisterne, wo rechts die (beschilderte) **»Ruta de los Volcanes«** abzweigt. Durch Kiefernwald führt ein breiter Fußweg bergan.

Im Scheitelpunkt einer engen Kurve (10 Min.) zweigt links ein schmalerer, durch einen Holzbalken ver-

sperrter Weg ab, den wir nicht beachten. Kurz darauf ergibt sich ein
erster schöner Ausblick zur Caldera
de Taburiente. Noch besser kann
man diese Aussicht von einem kleinen, **gemauerten Mirador** genießen
(20 Min.). Relativ schnell gewinnen
wir an der Flanke des **Pico Birigoyo**
(1808 m) an Höhe, während wir ihn
allmählich entgegen dem Uhrzeiger-

sinn umrunden. Steil erhebt sich der nur spärlich bewaldete Vulkankegel links des Wegs. Mehrere Pfade, die links zu seinem Kraterrand abzweigen, beachten wir nicht.

Der sehr sorgfältig angelegte, zur Linken von einer niedrigen Mauer gesäumte Weg führt im weiteren Verlauf sanft bergab und trifft auf eine Piste (ca. 30 Min.). Wir merken uns diese durch zahlreiche Steinmännchen markierte Abzweigung für den Rückweg und folgen dem Fahrweg nach links, also aufwärts. (Hier kann man hin und wieder Gleitschirmflieger beobachten, die den Gipfel des Pico Birigoyo als Startpunkt nutzen.) Durch Steinmännchen markiert, zweigt nach 40 Gehminuten ein weiterer Pfad nach links Richtung Pico Birigoyo ab. Er bleibt ebenso unbeachtet wie eine zugewachsene Fahrspur, die kurz darauf nach rechts führt. Wir laufen auf dem Forstweg geradeaus in dichten **Kiefernwald** hinein.

Nach 50 Gehminuten biegen wir rechts in einen zu Beginn von Mauern gesäumten Weg ein, der durch **Steinmännchen** und **zwei horizontale weiße Balken** markiert ist. Er führt über eine kleine Lichtung und dann wieder in Kiefernwald. An einem etwas steileren, unbewaldeten Wegstück können wir rückblickend noch einmal zum Pico Birigoyo schauen, bevor wir dann wiederum in lichten Kiefernwald eintauchen. Bald ergibt

sich nach rechts vorübergehend ein Ausblick auf den Leuchtturm bei Puerto de Naos. (Am dortigen Strand befindet sich der Landeplatz der Gleitschirmflieger.)

Nach 1.10 Std. überschreitet man eine **Holzbrücke,** die einen winzigen Barranco überspannt. Dahinter geht es in engen Serpentinen steil bergauf und weiter über eine freie, nur von Zwergbüschen bestandene Fläche. In der nächsten Kurve kommt voraus der kantige Gipfel des Nambroque (1925 m) in Sicht. Bei günstiger Wetterlage blickt man von hier bis zur Nachbarinsel Teneriffa. Einen undeutlichen Pfad, der in der Kurve im Bogen nach links abzweigt, beachten wir nicht. Etwa 30 m weiter gelangen wir an eine durch niedrige Steinfassungen kenntliche **Wegkreuzung,** wo wir uns auf dem breiten, auch im weiteren Verlauf durch niedrige Mauern und Kantensteine begrenzten Pfad geradeaus halten.

Man erklimmt einen fast vegetationsfreien, von vulkanischen Auswürflingen übersäten Bergrücken und gelangt auf diesem zur ersten großen Attraktion der Vulkanroute, dem **Hoyo Negro** (1.30 Std.). Seinem Namen (schwarze Grube) macht der düstere Schlund, der sich vor uns auftut, alle Ehre. Im Verlauf der San Juan-Eruptionen im Jahr 1949 wurden hier enorme Lavamassen ausgestoßen. Vorsicht ist geboten, wenn man sich dem Schlot nähert.

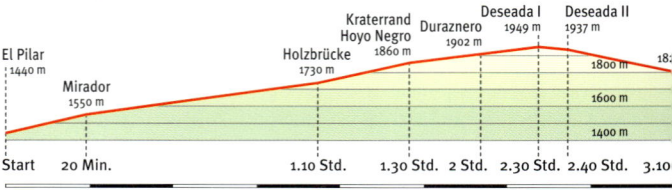

Tour 3

Auf der Vulkanroute: Blick Richtung El Paso

Die Vulkanaschen, die den oberen Rand des Kraters bilden, sind weich und rutschig!

Der weitere Wegverlauf ist durch Steinmännchen markiert. Unser Pfad führt auf der linken Seite des Hoyo Negro weiter, auf einen locker mit Kiefern bestandenen Sattel zu. Den Nambroque mit seinen auffälligen Felsformationen am Gipfel läßt man weit links liegen und gelangt noch vor Erreichen des Sattels an eine Abzweigung (1.40 Std.). Wir folgen dem breiteren Weg geradeaus und überwinden kurz darauf den **Sattel**. Leicht ansteigend geht es an einer Hangkante weiter. Hier wachsen einige besonders schöne, knorrige Exemplare der Kanarischen Kiefer, die gute Fotomotive abgeben.

Dann laufen wir über einen **Felsgrat** bergab und erblicken voraus unser nächstes Ziel, den Duraznero (1902 m). Vor diesem imposanten Vulkan dehnt sich tief unter uns eine lavaüberflossene, völlig vegetationsfreie Ebene aus. Durch Lavagrus steigen wir in der Fortsetzung des Felsgrats zu einem **Sattel** hinunter, wo sich der Weg gabelt (1.50 Std.). Die Stelle ist durch eine Steinpyramide markiert.

Man hält sich hier zunächst links, um zum **Duraznero** zu gelangen. Kurz vor dem Kraterrand gabelt sich der Pfad erneut. Hier geht man links

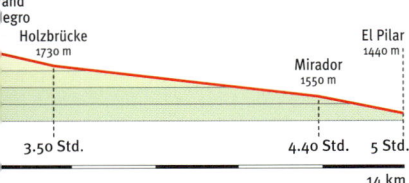

zum Rand eines kleinen Nebenkraters und folgt einem undeutlichen Pfad am rechten Rand dieser Senke, vorbei an Erdspalten, aus denen schwefelhaltige Dämpfe dringen. Nicht nur die weißlich-gelben Ablagerungen auf dem Gestein zeugen davon, sondern auch ein leichter Geruch nach faulen Eiern. Kurz darauf kann man einen Blick in den Hauptkrater des **Duraznero** werfen (2 Std.).

An dieser Stelle kehren wir um und laufen die wenigen Meter zur letzten Gabelung des Pfads zurück. Hier wenden wir uns nun nach links und gehen am **östlichen Kraterrand** des Duraznero weiter. (Achtung: Bei starkem Wind kann dieser Wegabschnitt schwierig oder sogar gefährlich sein. In diesem Fall kehrt man zum letzten Sattel zurück und folgt dem Hauptweg nach links, wie für den Rückweg in umgekehrter Richtung beschrieben.)

Bald verlassen wir den Kraterrand und halten uns nahezu hangparallel an der Flanke des Vulkans. Eine undeutliche Abzweigung, die nach rechts zum Hauptweg hinunterführt, lassen wir unbeachtet. Steinmännchen markieren den Pfad, der zu einem Sattel führt. Dort mündet im spitzen Winkel von links ein weiterer Trampelpfad ein. Durch steiniges Gelände geht man geradeaus weiter, in südlicher Richtung über einen Kamm bis zur Flanke des nächsten Vulkankegels, der doppelgipfeligen **Deseada**. Dort gabelt sich die Spur (2.20 Std.). Den breiteren Pfad zur Rechten lassen wir unbeachtet und halten uns direkt hangaufwärts auf dem linken, etwas schmaleren Pfad. Dieser gabelt sich schon nach wenigen Metern erneut. Hier kann man wahlweise auf der breiteren Spur schräg zum Hang zum Kraterrand

hinaufsteigen oder den direkten, aber steileren Pfad wählen. So oder so können wir bald in den Kratergrund schauen.

Nach links gelangen wir auf dem Rand des Kraters zum mit 1949 m höchsten Gipfel der Vulkanroute, der **Deseada I** (2.30 Std.). Er ist durch eine niedrige Säule und eine Steinpyramide markiert. Man blickt weit Richtung Süden auf die von nun an stetig an Höhe verlierende Vulkankette der Cumbre Vieja. In der Ferne sind bei klarer Luft die drei Nachbarinseln Teneriffa, Gomera und Hierro zu erkennen. Man umrundet den Krater, um auf der anderen Seite den ebenfalls durch eine weiße Säule gekennzeichneten, etwas niedrigeren Gipfel Deseada II (1937 m) zu besteigen. Auf dem Weg dorthin bleiben Pfade unbeachtet, die nach links vom Kraterrand wegführen. Wir gehen jeweils rechts weiter und stehen nach 2.40 Std. Gehzeit an der Gipfelsäule der **Deseada II**. Von hier hat man einen schönen Ausblick über die Westküste mit dem Aridane-Tal.

Wir verlassen nun den Kraterrand und folgen einem an der Flanke der Deseada abwärts führenden Pfad. Durch eine kleine Kieferngruppe geht es wieder auf den Duraznero zu. An einer durch ein Steinmännchen markierten Gabelung (2.50 Std.) hält man sich links auf dem breiteren Weg.

Diese Hauptspur der Vulkanroute, die den Kraterrand des Duraznero nicht berührt, führt an seinem Fuß westlich vorbei. Nach 3.10 Std. steht man auf dem schon bekannten Sattel des Hinwegs. Der weitere Rückweg zum Ausgangspunkt entspricht der Route vom Hinweg. Nach insgesamt 5 Std. Gehzeit erreicht man wieder das **Campinggelände El Pilar.**

Klassischer Aussichtsgipfel

Auf den Pico Birigoyo

Der kahle Gipfel des Birigoyo, des nördlichen Vorpostens der »Vulkanroute«, ist problemlos zu besteigen. Oben bietet sich ein geradezu einmaliger Rundblick auf die Caldera de Taburiente, das Aridane-Tal und die Cumbres.

DIE WANDERUNG IN KÜRZE

++
Anspruch

4 Std.
Gehzeit

600 m
An-/Abstieg

Charakter: Auf einem alten Saumpfad geht es durch schattige Lorbeer- und Kiefernwälder zunächst zum Freizeitgelände El Pilar und weiter aufwärts auf gut ausgebautem Wanderweg, dann schmaler, gerölliger Trittspur hinauf zum Gipfel.

Einkehrmöglichkeiten: Keine

Anfahrt: Mit dem Pkw: Wer an der Ostküste wohnt, fährt bis San Isidro, einem Ortsteil von Breña Alta, der südlich des Hauptorts San Pedro gelegen ist, und zweigt dort Richtung »Cumbre« ab. Ausgangspunkt ist das am Abhang der Cumbre Nueva rechts der Straße im Wald gelegene Freizeitgelände Pared

Vieja (ausgeschildert). Vom Westen der Insel kommend, erreicht man dieses am besten über die Staße von El Paso nach Santa Cruz. Kurz vor dem Cumbre-Tunnel biegt man hinter einer markanten Linkskurve rechts in die alte Paßstraße Richtung »El Pilar« ein und fährt über das Freizeitgelände El Pilar hinweg abwärts Richtung Ostküste bis Pared Vieja. **Mit dem Bus:** Es gibt keine Linienbusverbindung nach Pared Vieja.

Hinweis: Wer eine Kurzwanderung machen möchte, startet bei El Pilar. Damit reduziert sich die Wanderzeit auf 2.10 Std., und es sind lediglich ca. 300 m Höhenunterschied zu überwinden.

Ausgangspunkt ist der **Waldpicknickplatz Pared Vieja** an der Straße von San Isidro nach El Pilar. Die Tische und Bänke des Picknickplatzes sind von der Straße aus nicht zu sehen, jedoch findet man die Zufahrt leicht, wenn man rechter Hand auf eine Pistenabzweigung achtet, die mit »Pista de los Lomos« beschildert ist. Auf der gegenüberliegenden Straßenseite gibt es Parkbuchten. Der Wanderweg beginnt unmittelbar an der Straße links neben der Piste zwischen zwei Schildern, die darauf hinweisen, daß man hier den Naturpark »Cumbre Vieja« betritt. Den Picknickplatz rechter Hand lassend geht es steil aufwärts. Wir befinden

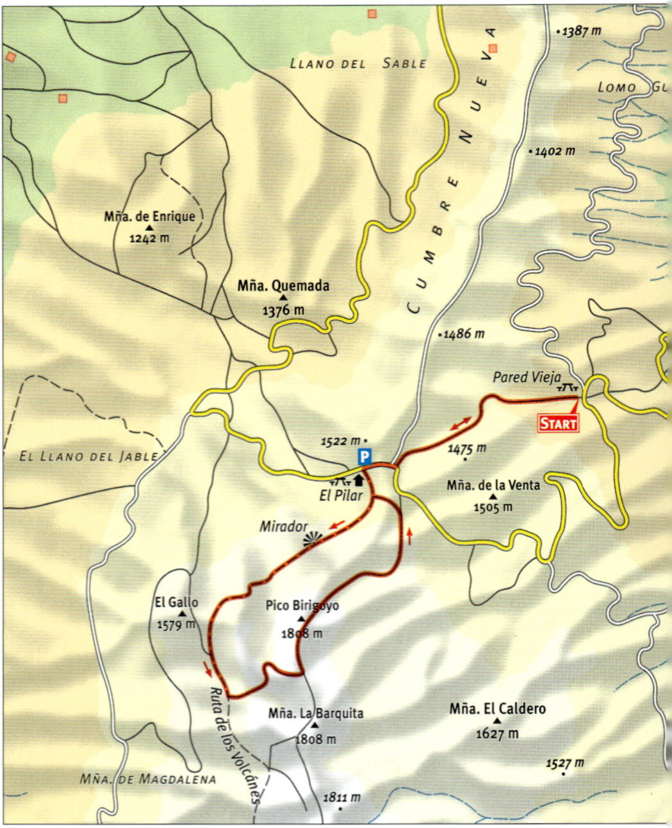

The map shows:

LLANO DEL SABLE

LOMO GL...

CUMBRE NUEVA

· 1387 m

· 1402 m

· 1486 m

Mña. de Enrique ▲ 1242 m

Mña. Quemada ▲ 1376 m

Pared Vieja

START

EL LLANO DEL JABLE

1522 m ·

🅿

El Pilar

1475 m

Mña. de la Venta ▲ 1505 m

Mirador

El Gallo ▲ 1579 m

Pico Birigoyo ▲ 1808 m

Mña. La Barquita ▲ 1808 m

Mña. El Caldero ▲ 1627 m

1527 m ·

Ruta de los Volcanes

MÑA. DE MAGDALENA

1811 m ·

uns auf einem alten Saumpfad, der früher eine wichtige Verbindung zwischen Las Breñas und dem Inselwesten darstellte. Einen Weg, der bald von rechts heraufkommt, beachten wir nicht. Nach 5 Min. kommen wir an eine **Wegkreuzung,** an der wir nicht der breiteren Piste nach rechts folgen, sondern geradeaus weitergehen.

Kurz darauf passieren wir einen Strommast. Schon bald stehen wir

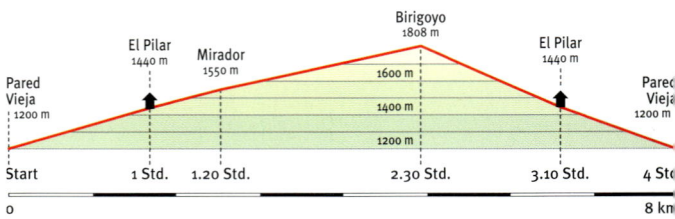

Birigoyo
1808 m

El Pilar
1440 m

Mirador
1550 m

El Pilar
1440 m

Pared
Vieja
1200 m

1600 m

Pared
Vieja
1200 m

1400 m

1200 m

Start   1 Std.   1.20 Std.   2.30 Std.   3.10 Std.   4 Std.

0   8 km

wieder an einer Kreuzung. Wir befinden uns hier am **Cruz de las Vueltas.** Wiederum geht es geradeaus weiter, an einem Grabmal vorbei, das hier mitten im Wald errichtet wurde. Im folgenden Verlauf ist die Pflasterdecke des Saumpfads noch recht gut erhalten. Wir laufen nun durch offeneres Gelände und orientieren uns weiterhin an der Stromleitung. Doch noch vor Erreichen des nächsten Strommastes biegt unser Weg wieder nach rechts in den Wald ein und ist von hier an mit sorgfältig aufgeschichteten Steinmännchen markiert.

Wir laufen durch ein Gelände, das noch bis vor wenigen Jahren regelmäßig für die Holzgewinnung genutzt wurde. Erst allmählich beginnt sich der Baumbestand zu erholen. In der hier vertretenen, sogenannten Fayal-Brezal-Formation dominieren Baumheide und Gagelbaum, in deren Schatten auch Gewächse, die eigentlich für den Lorbeerwald charakteristisch sind, überleben können. Wir gelangen an eine **Gabelung** (40 Min.), wo wir dem schmaleren, durch Steinmännchen markierten Weg nach links folgen. Allmählich beginnt Kiefernwald das Fayal-Brezal-Gebüsch abzulösen. In dieser Höhenlage ist es häufig trocken und sonnig, während sich weiter unten im Tagesverlauf bereits Wolken gebildet haben. Nach 50 Min. stehen wir schließlich an einer breiten Piste, die links kurz darauf in eine Straße mündet.

Dieser folgen wir nach rechts und erreichen etwa 200 m weiter das **Freizeitgelände** von **El Pilar** (1 Std.). An der Südseite der Straße queren wir das dortige Picknickgelände an einem Kinderspielplatz vorbei und gehen am rückwärtigen Ende des Platzes rechts an der ehemaligen **Schutzhütte** *(Refugio)* vorbei. Etwa 50 m weiter, bei einer Betonzisterne, zweigt rechts die (beschilderte) »Ruta de los Volcanes« ab. Durch Kiefernwald führt ein breiter Fußweg bergan. Im Scheitelpunkt einer engen Kurve (1.10 Std.) zweigt links ein schmalerer, durch einen Holzbalken versperrter Weg ab, den wir nicht beachten. Kurz darauf ergibt sich ein erster schöner Ausblick zur Caldera de Taburiente. Noch besser kann man diese Aussicht von einem kleinen, **gemauerten Mirador** genießen (1.20 Std.). Relativ schnell gewinnen wir an der Flanke des Pico Birigoyo

33

(1808 m) an Höhe, während wir ihn allmählich entgegen dem Uhrzeigersinn umrunden.

Steil erhebt sich der nur spärlich bewaldete Vulkankegel links des Weges. Mehrere Pfade, die links zu seinem Kraterrand abzweigen, beachten wir nicht. Der sehr sorgfältig angelegte, zur Linken von einer niedrigen Mauer gesäumte Weg führt im weiteren Verlauf sanft bergab und trifft auf eine Piste (1.40 Std.), auf der wir uns links aufwärts wenden. Etwa 5 Min. später gilt es, linker Hand auf eine Abzweigung zu achten, die mit Steinmännchen markiert ist. Hier schlagen wir einen schmalen Pfad ein, der steil bergan durch einen lichten Kiefernhain führt. Er ist durchgängig mit Steinmännchen markiert und daher nicht zu verfehlen. Nach 1.45 Std. mündet von rechts ein schmalerer Pfad ein, den wir nicht beachten. Wir halten uns links, wo uns wiederum Steinmännchen den Weg weisen. Wir verlassen den Wald und gehen schräg über einen mit Gesteinsschutt bedeckten Hang aufwärts. Rechts von uns liegt nun der Kratergrund der Montaña La Barquita.

Der Pfad wird in diesem Bereich immer wieder von herabrutschenden Steinen verschüttet und ist daher nicht immer deutlich auszumachen. Schon wenige Meter hinter den letzten Bäumen gilt es, auf eine kleine Steinpyramide zu achten. Hier halten wir uns links und steigen zum **Kraterrand des Birigoyo** hinauf. Dort treffen wir auf einen deutlicheren Pfad, dem wir nun nach rechts, am Kraterrand entlang, folgen. Linker Hand schauen wir in den tiefen Kratergrund. Pfade, die rechts zu einem Sattel hin abzweigen, lassen wir unbeachtet. Wir halten uns am Kraterrand. In der Ferne sehen wir bei klarer Sicht die Nachbarinseln Teneriffa und Gomera. Etwas später sieht man rückblickend auch Hierro, die kleinste und westlichste Insel des Archipels, auf der anderen Seite der Cumbre Vieja. Nach 2.30 Std. stehen wir schließlich am **Gipfel des Birigoyo,** der durch eine Vermessungssäule markiert ist. Hier öffnet sich nun ein grandioses Panorama nach Norden mit der Caldera de Taburiente, dem Aridane-Tal mit den Städten Los Llanos und El Paso sowie dem schwarzen Vulkanaschenfeld Llanos del Jable im Vordergrund. Um nach El Pilar zurückzukehren, folgen wir von der Vermessungssäule aus einem deutlich erkennbaren Pfad, der sich in steilen Serpentinen den Nordostabhang des Birigoyo hinabwindet. Zur Orientierung kann der bewaldete Bergrücken der Cumbre Nueva dienen, auf dem eine breite Forstpiste verläuft und auf den wir nun zuhalten. Vorsicht beim Abstieg, auf dem lockeren Gesteinsgrus besteht Rutschgefahr! Wir lassen einen kleineren Krater rechts liegen und erreichen kurz darauf einen vorübergehend sehr dichten **Kiefernwald** (2.45 Std.). Schon bald treten wir wieder aus dem Wald heraus und sehen unter uns eine breite Forstschneise (2.50 Std.), die unser Weg quert, um dann links umzubiegen (nicht der schmaleren Spur geradeaus folgen!). Wir queren die Schneise nochmals und laufen dann geradeaus durch den Wald auf einem Trampelpfad weiter. Es geht steil bergab, bis wir im Scheitelpunkt einer Kurve auf einen breiteren Weg treffen. Es handelt sich um den schon vom Hinweg bekannten Aufstieg zur Vulkanroute. Hier gehen wir bergab und stehen nach 3.10 Std. am **Waldpicknickplatz El Pilar.** Nach 4 Std. ist schließlich der **Ausgangspunkt** wieder erreicht.

Zu Fuß zum Bauernmarkt

Tour 5

Vom Monte Breña nach Villa de Mazo

Ein ausgedehnter Spaziergang führt durch Bauernland und Obstgärten, vorbei an üppig begrünten und von subtropischer Blütenpracht umrankten Häusern nach Villa de Mazo, das für seinen Bauernmarkt und sein Kunsthandwerk berühmt ist.

DIE WANDERUNG IN KÜRZE

+
Anspruch

3.30 Std.
Gehzeit

300 m
An-/Abstieg

Charakter: Schmale, wenig befahrene Straßen und Feldwege, unproblematisch

Einkehrmöglichkeiten: Mehrere Bars in El Pueblo

Anfahrt: Mit dem Pkw: Von Breña Baja in Richtung Villa de Mazo bis zur Abzweigung Richtung Breña Alta (San Pedro). Auf dieser weiter, bis nach ca. 700 m linker Hand eine schmale Straße abzweigt. Sie führt im Bogen auf den Monte Breña hinauf (an drei Gabelungen jeweils links abzweigen). Unterhalb des Gipfels befindet sich ein Wendeplatz, dort parken. **Mit dem Bus:** Von Santa Cruz mit Linie 8

Richtung Fuencaliente bis zur Straßengabelung am Monte Breña (ca. 3–7 x tägl.). Am Südabhang des Monte Breña bei einer Gruppe von Eukalyptusbäumen einen Feldweg bergauf einschlagen, dann weiter bis zum Gipfel wie am Ende der Wanderbeschreibung ausgeführt

Öffnungszeiten: Kunsthandwerksschule: Mo–Fr 8–16.30 Uhr, Aug. geschl. Mercadillo (Bauernmarkt): Sa 15–20, So 8.30–13 Uhr (Sommer), Sa 16–19, So 8.30–13 Uhr (Winter); El Molino (Keramikwerkstatt): Mo–Sa 9–13, 15–19 Uhr

Vom **Wendeplatz** am **Monte Breña** gehen wir die wenigen Schritte auf einem gepflasterten Weg zum **Gipfel** (565 m) hinauf, wo sich eine Aussichtsterrasse mit hervorragendem Blick auf die Ostküste La Palmas befindet. Zu unseren Füßen liegt der Flughafen, links davon sehen wir den Ferienort Los Cancajos und weiter im Norden die Inselhauptstadt Santa Cruz.

Nachdem wir das Panorama ausgiebig genossen haben, wenden wir uns zur Straße zurück, die hier zu beiden Seiten von einer Mauer gesäumt ist. Wir gehen abwärts bis zum Ende der Mauer rechter Hand, biegen um diese herum, gehen etwa 8 m auf der anderen Seite wieder zurück und finden dort den Einstieg in einen deutlich sichtbaren Trampelpfad, der geradlinig über den mit Gesteinsschutt bedeckten Abhang des Monte Breña abwärts führt. Wir halten auf einen **Kiefernhain** zu, in dem sich ein Picknickplatz verbirgt, und erreichen dort eine Straße (10 Min.). Auf dieser gehen wir in südlicher Richtung weiter. Rechts voraus sehen wir bereits einen weiteren Vulkankegel, an dessen Fuß wir nach 25 Min. auf eine Abzweigung treffen. Wir folgen der rechts bergauf führenden Nebenstraße. Die Asphaltdecke endet schon nach etwa 50 m, und wir gehen geradeaus auf einem breiten Feldweg weiter. Fünf Minuten später erreichen wir einige Häuser, wo der Weg beginnt, recht steil anzusteigen. Eine asphaltierte Abzweigung nach rechts lassen wir unbeachtet. Wir lassen die Häuser hinter uns und steigen auf eine Anhöhe hinauf. Hohe, farnbewachsene Mauern, die die Sicht nach beiden Seiten weitgehend verdecken, säumen die Route.

An einem **verlassenen Bauernhaus**, das bereits von üppiger Vegetation überwuchert ist, gehen wir rechts vorbei. Nach 50 Min. ist der größte Teil des Anstiegs bewältigt. Wir treffen auf eine Piste, der wir geradeaus folgen. Es geht nun mehr oder weniger hangparallel weiter, nur eine sanfte Steigung ist noch zu überwinden. Dann laufen wir leicht bergab auf die **ersten Häuser** von **Villa de Mazo** zu, über denen der dichtbewaldete Vulkankegel Montaña Las Toscas aufragt.

Bei den Häusern beginnt der Weg wieder anzusteigen und geht in eine Straße über (1 Std.), der wir geradeaus folgen. Sie biegt bald darauf nach links ab. Hier gehen wir geradeaus auf einem Feldweg weiter, der mit »Camino Las Toscas« ausgeschildert ist. Der Weg verläßt das Dorf und hält sich nun am Fuß der Montaña Las Toscas. Nachdem wir den Berg hinter uns gelassen haben, geht der Feldweg in einen schmalen asphaltierten Fahrweg über. Dieser führt in eine Senke hinunter, in der zur Linken ein auf den ersten Metern betonierter Weg abzweigt, der dann als **alter Pflasterweg** steil bergab auf El Pueblo, das Ortszentrum von Villa de Mazo, mit der Dorfkirche zuhält. Wir treffen wiederum auf einen asphaltierten Fahrweg und queren kurz darauf eine Straße (1.15 Std.). Gegenüber führt unser Pflasterweg weiter steil abwärts. Fünf Minuten später stehen wir an der **Hauptverkehrsstraße**, die, von Breña Alta kommend, über Villa de Mazo nach Fuencaliente führt. Eine Pflasterstraße, die Calle General Mola, führt von hier aus steil abwärts ins Zentrum. Wir passieren eine breite Querstraße und treffen kurz darauf rechter Hand auf die Abzweigung der Via de Enlace Dr. Morera Bravo. In dieser Straße finden wir gleich zu Beginn die **Escuela Insular de Artesanía** (Kunsthandwerksschule von La Palma) und dahinter die große Markthalle von El Pueblo, in der am Wochenende der berühmte *Mercadillo* abgehalten wird. Anschließend

Monte Breña 565 m	Hauptstraße El Pueblo 490 m	Kirche Villa de Mazo 430 m		Monte Breña 565 m
Picknickplatz 500 m		El Molino 320 m		Picknickplatz 500 m
	400 m			
	200 m			
Start 10 Min.	1.20 Std. 1.40 Std. 2 Std.			3.30 Std.

0   8 km

geht es die gepflasterte Calle General Mola weiter bergab bis zur **Kirche** (1.40 Std.), der wir einen kurzen Besuch abstatten können. Es handelt sich um eines der schönsten Gotteshäuser La Palmas. Während das Mittelschiff bereits Anfang des 16. Jh. entstand, wurden die beiden Seitenschiffe erst in den Jahren 1802 bzw. 1804 fertiggestellt. Im Inneren sind mehrere reichverzierte Holzaltäre aus der Barockzeit zu bewundern. Anschließend laufen wir auf der Fortsetzung der Calle General

Mola, die bei der Kirche in eine schmale Asphaltstraße übergeht, weiter abwärts. Schon bald biegt die breitere Straße nach rechts ab. Hier gehen wir geradeaus auf einem schmaleren asphaltierten Fahrweg, der mit **Camino El Llanito** beschildert ist. In einer Senke treffen wir auf einen weiteren, von links einmündenden Fahrweg.

Wir gehen geradeaus weiter, einem Schild Richtung El Molino folgend. Wir laufen nun in einem flachen Barranco neben einem ausgetrockneten Bachbett abwärts, wobei wir den Vulkankegel der Montaña del Centinela (319 m) stets vor Augen haben. Rechter Hand erhebt sich ein weiterer erloschener Vulkan, der Valentines (346 m). Fünf Minuten später gabelt sich der Fahrweg. Wir gehen links, überqueren das Bachbett und laufen dann, ein Weinfeld zur Rechten, bis zu einer weiteren Gabelung, wo uns ein Schild links aufwärts zu El Molino weist. Gleich darauf stehen wir an der alten **Mühle** (2 Std.), die einer Keramikwerkstatt den Namen gegeben hat und die wir nun besuchen können.

Die eigentliche Werkstatt ist in dem ehemaligen Mühlengebäude untergebracht. Unterhalb davon steht ein weiteres Haus, das zu demselben Komplex gehört. Es beherbergt einen Laden, in dem außer Keramikprodukten auch allerlei Souvenirs und Bücher verkauft werden.

Für den weiteren Weg schlagen wir unterhalb des Ladens einen Betonweg ein, der sich gleich darauf gabelt. Wir laufen geradeaus weiter und kommen an eine wenig befahrene Nebenstraße, auf der wir links aufwärts wandern. Es gilt nun, einiges an Höhe wieder gutzumachen, was wir vorhin beim Abstieg von El Pueblo verloren haben. Wir folgen

der Straße bis zu einer scharfen Linkskurve (2.20 Std.), wo rechts eine mit »Camino El Linar« beschilderte Straße abzweigt. Auf dieser laufen wir nun stets geradeaus.

Der Monte Breña, der sich voraus erhebt, rückt allmählich näher. Wir laufen an Weinfeldern und Orangenplantagen vorbei. In den Gärten der verstreut stehenden Häuser gedeihen Hibiskus, Kamelien und Bougainvillea. Dazu gesellen sich Obstbäume, wie Avocado und Loquat (Japanische Mispel), und hier und da auch Mandelbäume, deren rosafarbene Blüten Anfang Februar erscheinen. Nach 2.45 Std. passieren wir die idyllische, kleine Ferienanlage **El Sitio La Rosa,** die im Rahmen des Programms Turismo Rural (ländlicher Tourismus) aus einem alten Gehöft entstand, das gründlich restauriert wurde.

Wenig später gelangen wir zur Hauptstraße Breña Baja/Breña Alta–Villa de Mazo, die wir überqueren, um schräg gegenüber bei einer Gruppe von **Eukalyptusbäumen** einen Feldweg einzuschlagen, der steil aufwärts führt und weiter oben in einen Schotter-Fußweg übergeht. Auf ihm erreichen wir nach 3.10 Std. die Straße am schon vom Hinweg bekannten Picknickplatz am Fuß des Monte Breña. Anstatt jetzt direkt über den Geröllhang zum Wendeplatz am Gipfel des Vulkankegels zurückzusteigen, bietet sich ein bequemerer Pfad an, der an der oberen Ecke des Kiefernhains, in dem sich der Picknickplatz verbirgt, beginnt und an der rechten Flanke des Berges mit mäßiger Steigung aufwärts führt. Die Spur gabelt sich schon nach wenigen Metern. Besser ist es, sich rechts zu halten. (Links würde man steil aufwärts direkt zum Wendeplatz gelangen.) Der Pfad mündet unterhalb des Wendeplatzes in die Straße, die zum Gipfel führt. Wir gehen aufwärts und erreichen nach 3.30 Std. den **Ausgangspunkt** unserer Wanderung.

Bauernmarkt und Kunsthandwerk

Villa de Mazo ist für seinen *Mercadillo* bekannt, einen nur am Wochenende stattfindenden Bauernmarkt. Seit Mitte der 80er Jahre wird er auf Initiative eines Zusammenschlusses von Landwirten abgehalten, die ihre Produkte direkt unter Ausschaltung des Zwischenhandels verkaufen möchten. Zu diesem Zweck wurde eigens eine Markthalle errichtet. Das Angebot umfaßt alle Erzeugnisse, die die palmerische Landwirtschaft liefert. Daneben gibt es auch Brot vom deutschen Bäcker, Pilze aus den Wäldern La Palmas, hausgemachte Liköre und Würzsoßen sowie Kunsthandwerk aller Art.

Auch für die Fertigkeit seiner Kunsthandwerker ist Villa de Mazo bekannt. Noch bis vor wenigen Jahren war der Ort ein Abwanderungsgebiet. Die Landwirtschaft bot nicht genügend Arbeitsplätze. Heute absolvieren viele junge Leute einen Kursus der örtlichen Kunsthandwerksschule und leben von der Herstellung traditioneller Produkte (Korbwaren, Stickereien, Holzschnitzereien), die zumeist unter Touristen ihre Abnehmer finden. Es lohnt sich, einen Blick in die Kunsthandwerksschule *(Escuela de Artesanía)* zu werfen, wo man Handwerkern bei der Arbeit zuschauen und die Produkte auch erstehen kann.

Eine herausragende Stellung unter den Kunsthandwerkern in Villa de Mazo nehmen Ramón Barreto und

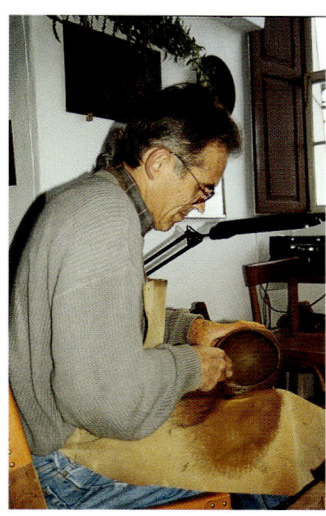

Bekannt auch über La Palma hinaus: der Keramiker Ramón Barreto

seine Frau Vina ein. Ihre Keramikwerkstatt haben sie in der ehemaligen Gofio-Mühle »El Molino« eingerichtet und dort die altkanarische Töpferkunst zu neuem Leben erweckt. Da die Töpferscheibe in altkanarischer Zeit unbekannt war, muß Tonwulst auf Tonwulst gelegt und glattgestrichen werden – eine mühselige Arbeit. Anschließend versieht man die dunklen, rundlichen Schalen und Schüsseln mit Ritzmustern, die Ramón und Vina von den rund 200 prähistorischen Keramikgefäßen abgepaust haben, die man auf La Palma gefunden hat. Selbst Experten sind nicht in der Lage, die Repliken vom Original zu unterscheiden.

Tour 6

Panoramaweg in den Nebelwald

Auf der Cumbre Nueva

Bei sonnigem Wetter lohnt sich die Wanderung auf der Cumbre Nueva besonders wegen der sehr schönen Aussicht: Unverhofft taucht man dann auf einem schmalen, steilen Pfad hinab zu einer Quelle inmitten des Lorbeerwalds.

DIE WANDERUNG IN KÜRZE

+
Anspruch

2 Std.
Gehzeit

200 m
An-/Abstieg

Charakter: Breiter Forstweg; Abstecher auf steilem, rutschigem Pfad

Anfahrt: Mit dem Pkw: Ausgangspunkt ist die Pistenabzweigung unweit des Campinggeländes El Pilar, das am höchsten Punkt der alten Paßstraße über die Cumbre gelegen ist. Dorthin gelangt man vom Ostteil der Insel über San Isidro, einem Ortsteil von Breña Alta, der südlich vom Hauptort San Pedro liegt. In San Isidro zweigt die mit »El Pilar« beschilderte Paßstraße ab. Vom Westen La Palmas fährt man über El Paso Richtung Santa Cruz und biegt kurz vor dem Cumbre-Tunnel hinter einer markanten Linkskurve rechts in die alte Paßstraße ein. Östlich des Freizeitgeländes El Pilar zweigt die (ausgeschilderte) Pista

Hilera de la Cumbre nach Norden von der Paßstraße ab. Man parkt in der Nähe der Abzweigung. **Mit dem Bus:** Keine Busverbindung! Man kann per Taxi zum Ausgangspunkt fahren und im Anschluß an den Abstecher zur Fuente auf der Forstpiste weiter bis zum Reventón-Paß laufen. An der dortigen Kreuzung weist ein Schild nach links Richtung Ermita de la Virgen del Pino. Auf einem steilen Pflasterweg geht es dann abwärts zur Kapelle; von da auf der Straße nach El Paso. Hier findet man Busanschluß nach Santa Cruz oder Los Llanos (Linie 1; nach Santa Cruz ca. alle 1–2 Std., nach Los Llanos ca. halbstündlich bis stündlich). Gehzeit ab der Abzweigung zur Fuente: ca. 2.15 Std.

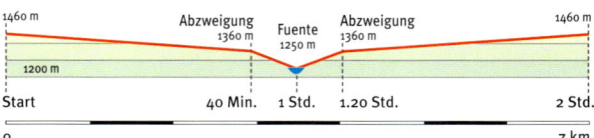

1460 m	Abzweigung 1360 m	Fuente 1250 m	Abzweigung 1360 m		1460 m
1200 m					
Start	40 Min.	1 Std.	1.20 Std.		2 Std.

0   7 km

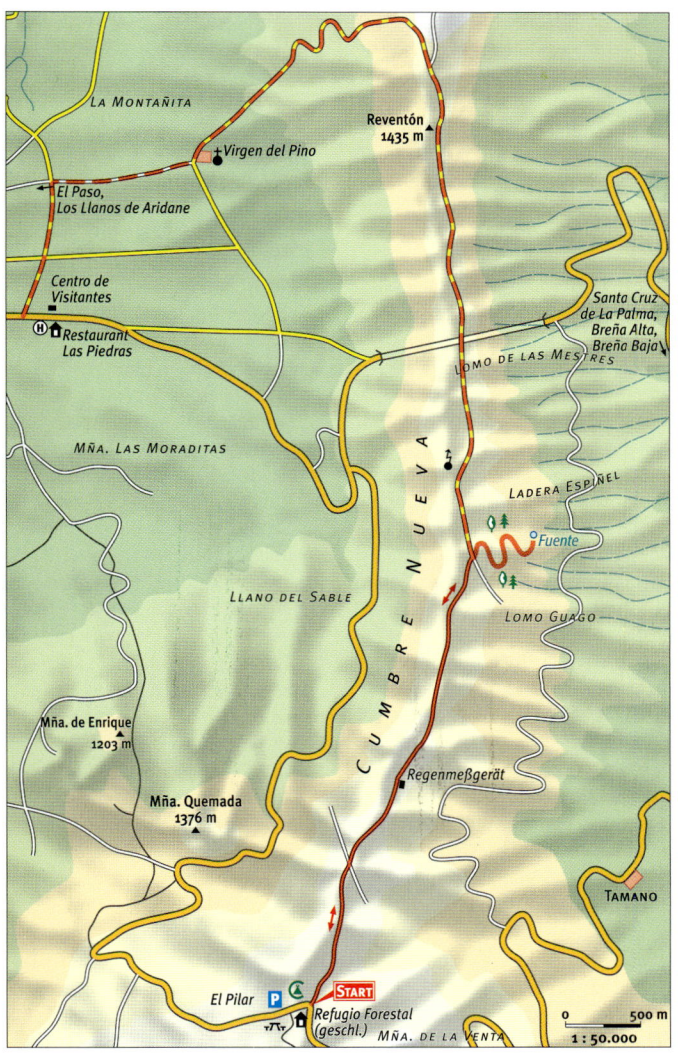

Vom Ausgangspunkt unserer Wanderung unweit des **Campinggeländes El Pilar** folgt man der **Pista Hilera de la Cumbre** in nördlicher Richtung. Es geht zunächst sanft aber kaum merklich bergan. Wir wandern an der Ostflanke der Cumbre entlang, später dann auf dem Kamm des Höhenrückens. Dort ergeben sich zur Rechten schöne Ausblicke auf die Nachbarinsel Teneriffa. Wird die Vegetation anfänglich noch von der Kanarischen Kiefer beherrscht, so geht sie bald in niedrigen Fayal-Brezal über (s. u.). Wir überschreiten eine Kuppe und treffen kurz darauf auf eine Wegkreuzung (10 Min.), wo wir uns geradeaus auf der breiten Piste abwärts halten.

Nach dem Verlassen des Bergkamms läuft man wieder auf der Ostflanke der Cumbre. Zur Rechten kommt die Küstenlandschaft bei Breña Alta und Breña Baja in Sicht. Schon bald führt der Weg erneut auf dem Kamm der Cumbre entlang. Man blickt nach links Richtung El Paso und Los Llanos und im Vordergrund auf den Lavastrom der Montaña Quemada. Vorübergehend geht es sanft bergan zu einer Kuppe, wo rechts des Wegs ein **Regenmeßgerät** steht (20 Min.).

Nach einer kurzen Gefällstrecke verläuft der Weg wieder fast eben, jetzt an der Westseite der Cumbre. Wir halten uns auf eine weitere Erhebung zu, die wir links umgehen (30 Min.). Es geht wieder etwas steiler bergan, dann sanft bergab. Kurz darauf zweigt rechts ein breiter Waldweg ab (40 Min.). Er ist zu beiden Seiten von Mauerstümpfen gesäumt. Wir beachten ihn nicht, sondern wählen ca. 5 m weiter, ebenfalls zur Rechten, einen schmalen Pfad. (Etwa 3 m neben dieser Abzweigung befindet sich ein **großer Stein,** auf dem bei genauem Hinsehen noch Reste der Inschrift »Fuente A 200 m« zu erkennen sind. Die Abzweigung ist schwer zu finden, man muß exakt auf die angegebenen Merkmale achten. Wenn rechts der Piste ein Sendemast steht, ist man bereits ca. 500 m zu weit gelaufen!)

Der Pfad zur Fuente kann bei feuchter Wetterlage rutschig sein! Steil geht es in düsteren Wald hinab. Baumheide und Gagelbaum, aber auch Lorbeerbäume wachsen hier. Dazwischen erheben sich im oberen Teil noch einzelne, von der Forstverwaltung gepflanzte nordamerikani-

sche Kiefern. Diese schnellwüchsigen Koniferen unterscheiden sich von der Kanarischen Kiefer dadurch, daß sie wesentlich kürzere Nadeln haben. Schon bald aber umgibt uns nur noch die natürliche Vegetation. Für Botanikfreunde lohnt es sich, am Wegrand nach Orchideen Ausschau zu halten. Hier gedeiht der unscheinbare Kanarenstendel mit seinen duftenden, grünen Blüten und den lanzettförmigen Blättern. Kanaren-Hahnenfuß und Kanaren-Storchschnabel wachsen hier ebenso wie zahlreiche Farn- und Moosarten.

Eine **Wasserrohrleitung** kommt rechts des Wegs in Sicht. Dann lichtet sich der Wald ein wenig. Ein kleiner, feuchter Talgrund wird gequert, wo besonders hohe Bäume stehen. Zahlreiche ansonsten seltene Arten des Lorbeerwalds gibt es hier zu entdecken. Am jenseitigen Rand des Barrancos befindet sich die **gefaßte Quelle,** aus der man Trinkwasser zapfen kann (1 Std.). Etwas oberhalb des Wasserhahns wird das von der Felswand rieselnde Wasser in einer Quellfassung gesammelt. Auch eine – wenn auch sehr vorsichtige – Erkundung des unmittelbar angrenzenden Nachbartals lohnt sich. Dort ist die Vegetation beinahe noch üppiger. Anschließend kehrt man auf demselben Pfad zum Hauptweg und auf diesem nach links zum **Ausgangspunkt** der Wanderung zurück, den man nach 2 Std. wieder erreicht.

Fayal-Brezal-Vegetation

Eine Übergangsvegetation zwischen dem feuchten Lorbeerwald und dem trockenheitsliebenden Kiefernwald stellt auf La Palma der sogenannte Fayal-Brezal dar, eine Waldformation, in der Gagelbaum (span. *faya*)

Blick von der Cumbre Nueva zur Montaña Quemada

und Baumheide (span. *brezo*) dominieren. Beide Arten vertragen mehr Trockenheit und größere Temperaturunterschiede als die empfindlichen Lorbeergewächse. Man findet sie daher auf relativ trockenen Bergrücken wie der Cumbre Nueva, aber auch auf der Nordseite der Insel in Höhenlagen ab etwa 1200 m. Der Fayal-Brezal nimmt heute größere Flächen ein, als dies von Natur aus der Fall wäre, da die Lorbeerbaumarten vor allem in Siedlungsnähe oft nach wiederholtem Holzeinschlag verschwanden.

Tour 7

Zu dunklen Schlünden

Von Jedey zum Volcán San Juan

Erstes Ziel ist der Hoyo de la Sima, ein geheimnisvoller alter Vulkanschlot. Durch lichten Kiefernwald geht es weiter zur dunklen Spalte des Volcán San Juan, die eine riesige Scharte in die Flanke der Cumbre Vieja riß.

DIE WANDERUNG IN KÜRZE

++
Anspruch

7 Std.
Gehzeit

700 m
An-/Abstieg

Charakter: Lange, aber bequeme Wanderung auf Forstpisten; lediglich kürzere Passagen führen durch wegloses Gelände oder über schmale Trittspuren, wo die Orientierung erschwert ist.

Einkehrmöglichkeiten: Keine

Anfahrt: Mit dem Pkw: Von Los Llanos/El Paso bzw. Fuencaliente nach Jedey. Von Puerto Naos oder Tazacorte kommend, fährt man zunächst bis Todoque und folgt nun dort der Beschilderung Richtung El Paso bis zur Gabelung bei San Nicolás, dort geht es rechts nach Jedey. **Mit dem Bus:** Von Los Llanos mit Linie 3 Richtung Fuencaliente, 3–6x tägl.

Im **Zentrum** des kleinen Ortes **Jedey** zweigt etwa 300 m nördlich des markanten gleichnamigen Vulkans, den Drachen- und Gleitschirmflieger gern als Startpunkt nutzen, schräg aufwärts ein asphaltierter Fahrweg ab, die **Calle Campanario.** Ein Schild weist Richtung »Romanciaderos, Hoyo de la Sima«. Diese schmale Straße schlagen wir zu Fuß ein. Eine breite Abzweigung nach links beachten wir nicht, sondern gehen geradeaus, an der kleinen **Schule** des Ortes vorbei, weiter. Kurz darauf gabelt sich der Fahrweg, wir wenden uns nach links. Am Hang über uns ragt der weithin sichtbare schroffe Fels der Montaña Marcos empor. In Serpentinen windet sich der Fahrweg zügig hangaufwärts. Bald um-

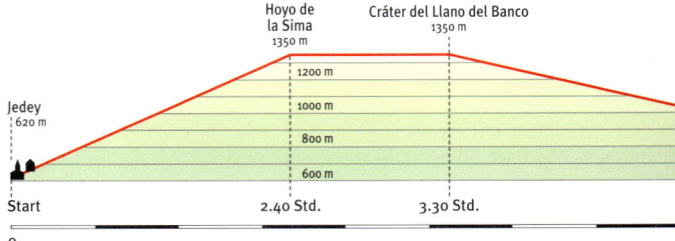

Hoyo de la Sima 1350 m — Cráter del Llano del Banco 1350 m — Jedey 620 m — 1200 m — 1000 m — 800 m — 600 m — Start — 2.40 Std. — 3.30 Std.

o

gibt uns lichter Kiefernwald, der auf noch recht jungem, kaum verwittertem Lavagestein gedeiht. Nach 25 Min. geht der asphaltierte Fahrweg in einen steinigen Forstweg über, der sich schon nach wenigen Metern gabelt. Wir folgen der Beschilderung links Richtung Romanciaderos, Hoyo de la Sima.

Eine Tafel weist darauf hin, daß wir nun den Naturpark Cumbre Vieja betreten. Nach 1 Std. zweigt links ein schmalerer Fahrweg nach unten ab, den wir nicht beachten. Unser Weg beschreibt eine Kurve am Hang der **Montaña Marcos** und läßt diese dann hinter sich. Rückblickend können wir nun die schroff aufragenden *roques* auf dem Vulkankegel aus der Nähe betrachten. Nach links öffnet sich ein weiter Blick hinab ins Valle de Aridane und zur Landspitze mit dem Leuchtturm bei Puerto Naos.

Wir queren einen **Barranco,** durch den sich vor noch nicht allzu langer Zeit ein Lavastrom ergossen hat. Am Wegrand können wir sozusagen in das Innere des Lavastroms schauen, der hier zerschnitten wurde, als man die Piste anlegte. Wir kommen durch dichteren Kiefernwald und berühren dann vorübergehend einen **Weinberg,** um anschließend wiederum in den Wald einzutauchen. Nach 1.30 Std. berührt unser Weg einen weiteren Weinberg, an dessen Flanke er,

nachdem er einen kleinen Bogen beschrieben hat, aufwärts führt. Am oberen Rand des Feldes zweigen zur Linken zwei mit Steinmännchen markierte Pfade ab, einer hangparallel und der andere steil aufwärts. Beide beachten wir nicht, sondern bleiben auf dem **Forstweg.** Dieser gabelt sich gleich darauf. Rechts weist eine Holztafel Richtung Hoyo de la Sima, wohin wir uns nun wenden. Weiterhin geht es relativ steil bergauf. Schmalere Waldwege, die hier und da abzweigen, ignorieren wir und bleiben stets auf der Forstpiste. Auch einen etwas breiteren Weg, der nach 2.10 Std. im Scheitelpunkt einer Rechtskurve links abzweigt ignorieren wir.

Nach 2.30 Std. stehen wir an einer **Wegkreuzung.** Direkt voraus befindet sich ein fast kreisrunder Krater. Wir halten uns auf dem breiten Weg links, der sanft bergab führt, am unteren Rand des Kraters vorbei. Direkt dahinter treffen wir auf den aus Sicherheitsgründen mit einem Zaun umgebenen Schlund **Hoyo de la Sima** (2.40 Std.). Ein steiler Pfad führt hinab zu einem Aussichtsbalkon, von dem man einen Blick tief hinab in den dunklen Schlund des erkalteten Vulkanschlots werfen kann. Wer möchte, kann ihn auf einem Pfad entlang des Zauns umrunden.

Anschließend halten wir uns auf der Piste weiter in nördlicher Richtung, sanft bergab fahrend. Zwischen den Baumwipfeln können wir ab und zu einen Blick auf den Rand der Caldera de Taburiente erhaschen. Bald zweigt links ein mit »Jedey« beschilderter Fahrweg ab. Wir aber bleiben auf der Piste, die geradeaus führt und nun wieder sanft ansteigt. Einen wenige Minuten später nach links abwärts abzweigenden, ebenfalls recht breiten Fahrweg

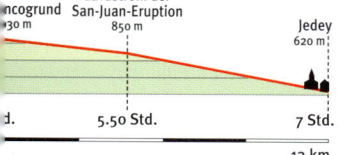

Lavastrom der
ncogrund San-Juan-Eruption
30 m   850 m   Jedey
                                                       620 m
d.   5.50 Std.   7 Std.

                                                       13 km

beachten wir nicht. Wir steigen weiter bergan. In einer Rechtskurve erblicken wir nach 2.50 Std. erstmals den Lavastrom des Volcán San Juan, der eine dunkle Schneise in den Kiefernwald am Abhang der Cumbre Vieja gerissen hat.

Dahinter ist nun sehr viel deutlicher als zuvor die Umrandung der Caldera de Taburiente mit den höchsten Gipfeln La Palmas zu erkennen. In Serpentinen erreichen wir eine **Lichtung.** Danach geht es mit etwas verminderter Steigung weiter, bis wir schließlich nach 3.30 Std. am **Cráter del Llano del Banco** stehen, aus dem 1948 die Lavamassen der San-Juan-Eruption quollen. Es handelt sich dabei nicht um einen Krater im eigentlichen Sinn, sondern um einen Riß im Hang. Der dazugehörige Lavastrom beginnt unterhalb des Wegs und zieht sich als dunkles Band talwärts.

Nachdem wir den eindrucksvollen Ausblick genossen haben, folgen wir weiter der **Forstpiste.** Der Wald lichtet sich, dazwischen breiten sich immer größere, dunkle Lavaaschen-Felder aus. Nach 4 Std. zweigt links im spitzen Winkel ein breiter Fußweg ab, der sichtlich nur noch selten genutzt wird, denn er ist gleich zu Beginn durch Erosionsfurchen teilweise zerstört, und auch der Kiefernwald beginnt ihn bereits zurückzuerobern. Bald endet er scheinbar vor einer niedrigen Felsbarriere. Wir übersteigen diese und laufen dahinter in einer flachen Talmulde abwärts, einer undeutlichen Trittspur folgend, die durch den Wind immer wieder verwischt wird. Am unteren Rand der **Talmulde** (4.10 Std.) umgehen wir eine Baumgruppe auf der rechten Seite und treffen dahinter auf Mauerreste. Wir gehen vor der Mauer links hinüber und laufen weiter die Talmulde abwärts. Bald erreichen wir eine **Eßkastanienpflanzung.** Durch diese geht es weiter bergab, immer noch der Talmulde folgend. Vor einer majestätischen Kieferngruppe treffen wir auf einen deutlich erkennbaren Pfad, der schon nach wenigen Metern in eine sichtlich selten genutzte Fahrspur übergeht. (Die Stelle ist daran zu erkennen, daß die Kastanienpflanzung vor den Kiefern scheinbar endet. Sie setzt sich jedoch unterhalb fort.)

Der Fahrspur folgen wir weiter bergab. Nach 4.20 Std. mündet die Spur in einen weiteren Fahrweg, auf dem wir links gehen. Schon kurz darauf kommen wir wiederum an eine Einmündung. Hier gehen wir rechts. Vor der **Ruine eines Schuppens** mündet von rechts oben ein Feldweg, den wir nicht beachten. Wir bleiben stets auf dem breiten Fahrweg, der im Bogen in ein Tal hineinführt, in dem sich eine weitere Kastanienpflanzung befindet. Wir passieren einen Betonschuppen und treffen dahinter wiederum auf eine Gabelung, wo wir links gehen. Wir nähern uns jetzt dem unteren Rand des **Lavaaschen-Felds El Jable,** das sich rechts oberhalb von uns erstreckt. Die Talmulde mit dem Kastanienhain lassen wir hinter uns und treten wieder in Kiefernwald ein. Dort kommen wir nach 4.30 Std. auf eine breitere Piste. Dieser folgen wir nach links. Sie führt uns schräg zum Hang sanft bergab in südlicher Richtung.

Die mit Plastikplanen abgedeckten Bananenplantagen des Aridane-Tals sehen wir nun rechts von uns. Feldwege, die im folgenden Verlauf von oben einmünden, lassen wir unbeachtet. Uns umgeben ausgedehnte Wälder, auf denen der Sprossende Zwergginster angebaut wird, eine einheimische Futterpflanze. Nach

4.50 Std. erblicken wir voraus erstmals wieder die markanten Felsen der Montaña Marcos und weit unterhalb davon den Ort Jedey mit dem gleichnamigen Vulkankegel, Ausgangs- und Endpunkt unserer Wanderung. Nach 5 Std. erreichen wir den Grund eines **Barrancos.** Hier mündet von links ein steiler Waldweg. Wir aber wenden uns auf der

47

Blick zur Caldera de Taburiente

breiten Piste nach rechts und folgen ihr abwärts, über eine weitere Einmündung von links hinweg. Nach 5.15 Std. zweigt links im spitzen Winkel ein schmalerer Fahrweg ab, den wir nicht beachten. Wir halten uns weiter auf der breiten Piste bergab bis zu einer weiteren **Abzweigung** (5.30 Std.).

Zur Orientierung: Die breite Piste verläuft hier in nördlicher Richtung, wir blicken Richtung Caldera de Taburiente. Hier biegen wir links in den schmaleren Fahrweg ein, der uns in wenigen Minuten in eine Talmulde führt, in der Weinreben und der Sprossende Zwergginster (s. o.) gedeihen. Noch vor den Feldern, etwa 4 m vor einer auffallenden Kiefer, gehen wir rechts eine Fahrspur hinunter. Schon rund 30 m weiter gilt es wiederum, auf eine Abzweigung zu achten. Die Fahrspur ist hier mit einer Kette versperrt und führt dahinter wieder leicht bergan.

Vor der **Kette,** die an einem hohen, spitzen Gesteinsbrocken befestigt ist, zweigt rechts ein durch Bruchsteinmauern begrenzter, alter Saumpfad ab, den wir nun einschlagen. Zwar ist er ein wenig zugewachsen, und grobe, von den all-

mählich verfallenen Mauern herabgestürzte Gesteinsbrocken liegen stellenweise auf dem Untergrund, doch wird der Weg dennoch sichtlich des öfteren begangen.

Wir kommen an eine **Wegkreuzung** (5.45 Std.), wo ein weiterer, von Mauern eingefaßter, alter Camino quert. Hier halten wir uns links. Es geht nun stets geradeaus weiter. Auch dieser Saumpfad ist stellenweise wieder recht zugewachsen, doch bleibt stets ein gut gangbarer Trampelpfad frei. Fünf Minuten später stehen wir vor den erstarrten Lavamassen der San-Juan-Eruption, die den alten Saumpfad überflossen. Eine Trittspur führt hinauf. Diese verzweigt sich schon nach wenigen Metern. Wir halten uns rechts, also abwärts, und gelangen zum Grund der Furche, die sich in der Mitte des Lavastroms zwischen zwei dicken Gesteinssträngen gebildet hat. Wir überqueren diese und finden auf der gegenüberliegenden Seite wenige Meter höher den Einstieg in die Fortsetzung unseres Pfades. Zunächst ist dieser nur schwer zu erkennen, doch bald wird die Trittspur wieder deutlicher und führt auf den zweiten Lavastrang hinauf. Dort sehen wir bereits in wenigen Metern Entfernung eine Piste, zu der wir hinübergehen.

Auf der Piste halten wir uns rechts. Sie geht schon bald in einen asphaltierten Fahrweg über, der kurz darauf ein **Wochenendhaus** passiert. Wir bleiben nun auf dem asphaltierten Weg. Einen Feldweg, der nach 6.10 Std. im Scheitelpunkt einer Linkskurve rechts abzweigt, ignorieren wir. Wir laufen über einen Sattel, der sich zwischen der Cumbre Vieja und zwei kleineren, vorgelagerten Vulkankegeln gebildet hat. Rechts und links dehnen sich Weinberge aus, und dazwischen stehen vereinzelt weitere Wochenendhäuser. Voraus erblicken wir nun wieder die markanten Felsen an der Westflanke der Montaña Marcos, die wir schon vom Hinweg kennen.

Zwei unmittelbar nebeneinander bei einer Kieferngruppe rechts abzweigende Wege beachten wir nicht. Wir lassen den Sattel hinter uns und verlieren allmählich an Höhe. Von links kommt eine betonierte Fahrspur hinzu (6.30 Std.), wir gehen geradeaus weiter. Es geht nun steiler bergab, und unser Blick wendet sich zur Küste. In einer Linkskurve zweigt rechts ein Betonweg zu einem Haus ab, den wir nicht beachten. Immer wieder treten jetzt Fahrwege von der Seite hinzu, die wir ignorieren. Schließlich stehen wir nach 6.45 Std. an der **Landstraße,** die El Paso mit Fuencaliente verbindet. Hier halten wir uns links und erreichen bald wieder **Jedey,** den Ausgangspunkt unserer Wanderung (7 Std.).

Naturdenkmäler am Wege

Beim Hoyo de la Sima handelt es sich um den Schlot eines Vulkans, der – was sehr ungewöhnlich ist – nach dem Ausbruch nicht verstopfte, sondern als tiefer Schlund erhalten blieb. Die Tiefe der jahrhundertealten Höhle ist unergründlich. Nur wer ein gutes Gehör hat, vernimmt ein rhythmisches Zischen, vielleicht von Wasser, das im Innersten des düsteren Lochs verdampft. Der Volksglaube mag Angst vor neuerlichen Vulkanausbrüchen empfinden, wohl auch Respekt vor der Besonderheit dieses Orts. Als ob die bösen Mächte des Erdinneren besänftigt werden sollen, hat man nicht weit von dem Schlund eine Nische im Stamm einer Kiefer ausgehöhlt und ein kleines Madonnenbildnis hineingestellt.

Am 24. Juni 1949, dem Tag des hl. Johannes (San Juan) stand – für die Bewohner La Palmas völlig unerwartet – plötzlich eine riesige Rauchwolke über dem Höhenzug der Cumbre Vieja. Innerhalb von 38 Tagen brachen dann wiederholt die Krater Llano del Banco (1250 m), Duraznero (1902 m) und Hoyo Negro (1742 m) aus. Aus dem Cráter del Llano del Banco ergoß sich ein rotglühender Gesteinsfluß Richtung San Nicolás. Fruchtbares Ackerland in der Umgebung des kleinen Orts wurde unbrauchbar, doch das Dorf selbst blieb weitgehend verschont. Zum Dank dafür errichteten die Bewohner der Jungfrau von Fátima ein Heiligtum. Alljährlich im September wird anläßlich des Dorffestes ein Dankgottesdienst bei dem Denkmal abgehalten. Die Lava floß weiter Richtung Westküste, wo sie bei Puerto de Naos das Meer erreichte. Damals entstand die etwa 2 km breite Landzunge an der Punta de la Lava, auf der später mit Hilfe von per Lkw herangefahrenem Boden Bananenplantagen angelegt wurden.

Aufstieg zur Aschewüste

Von El Paso zum Llano del Jable

Auf einem alten Karrenweg geht es durch lichten Kiefernwald zum wüstenhaften Lavaaschenfeld Llano del Jable. Zurück nach El Paso führt der Weg zunächst vorbei an der Montaña Quemada und quert später deren imposanten Lavastrom.

DIE WANDERUNG IN KÜRZE

+
Anspruch

5 Std.
Gehzeit

600 m
An-/Abstieg

Charakter: Gepflasterte, alte Saumpfade und Forstpisten; auf kürzeren Strecken auch schmale, wenig befahrene Nebenstraßen

Anfahrt: Mit dem PKW: Im Zentrum von El Paso von der Hauptverkehrsstraße beim modernen Einkaufszentrum *(Centro de Ahorros)* in die Avenida José Antonio abzweigen. Hinter dem Einkaufszentrum gibt es links, rund um zwei mit Lavagestein phantasievoll gestaltete Plätze, Parkmöglichkeiten. Startpunkt ist der obere Platz, der Jardín El Paredón, kenntlich durch einen pyramidenförmigen Springbrunnen. **Mit dem Bus:** Linie 1 von Los Llanos, ca. halbstündl. bis stündl.; Linie 1 ab Santa Cruz, ca. alle 1–2 Std. Die zentrale Bushaltestelle befindet sich am Jardín El Paredón (s. o.).

Vom **Jardín El Paredón** in **El Paso** laufen wir auf der Avenida José Antonio bis zur Durchgangsstraße, die wir beim **Centro de Ahorros** (Einkaufszentrum) erreichen. Wir gehen nun links etwa 70 m bergauf und biegen dann rechter Hand in die erste Seitenstraße ein. Bald darauf treffen wir auf eine Landstraße, die Calle San Nicolás, der wir geradeaus weiter folgen. Am linken Rand der wenig befahrenen Straße läßt es sich auf einem breiten Schotterstreifen bequem und sicher gehen. Nach 15 Min. treffen wir auf das Kilometerschild 1, wo wir links in die **Calle**

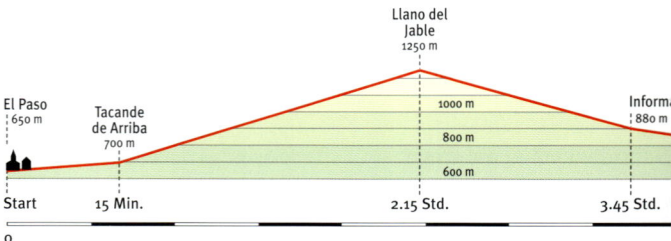

El Paso
650 m

Tacande
de Arriba
700 m

Llano del
Jable
1250 m

1000 m

800 m

600 m

Inform..
880 m

Start   15 Min.   2.15 Std.   3.45 Std.

o

Alma de Tacande einbiegen, eine schmale Straße, die uns schräg aufwärts zu den wenigen Häusern des Weilers **Tacande de Arriba** führt. Im Ort verzweigt sich die Straße. Während der rechte Abzweig zurück zur Hauptstraße führt, leitet uns der linke zu der kleinen Schule des Ortes, deren Gelände von einem auffälligen Metallzaun umgeben ist.

An der Straßengabelung bei der Schule halten wir uns rechts und gehen dann an der nächsten Abzweigung links in die Calle Cuesta de la Juliana. Wir passieren noch ein paar einzeln stehende **Bauernhäuser,** die teilweise zu schmucken Zweitwohnsitzen ausgebaut wurden, dann lassen wir den Ort hinter uns. Bruchsteinmauern säumen den schmalen Fahrweg, dahinter dehnen sich Mandelplantagen aus. Sobald rechter Hand ein **einsam stehendes Haus** in Sicht kommt (50 Min.), gilt es aufzupassen.

Kurz vor dem Haus endet die Asphaltdecke des Fahrwegs, und dieser gabelt sich. Hier gehen wir rechts und gleich darauf an der Zufahrt des Hauses vorbei geradeaus. Die schmale Piste führt uns etwa 100 m weiter zu einem Waldrand, wo sie in einen alten Karrenweg übergeht, der steil ansteigt, gesäumt von mit Flechten bewachsenen, hohen Bruchsteinmauern. Im zeitigen Frühjahr ist diese Wegstrecke besonders

attraktiv, dann blühen hier Gänsedisteln, Affodill und Zwergginster (der im Gegensatz zu seinen Verwandten in Europa auf La Palma zu Buschgröße heranwächst). Nach ca. 1.30 Std. läßt die Steigung vorübergehend nach. Dann folgt ein weiterer, kräftezehrender Anstieg durch lichten Kiefernwald. Ein Taleinschnitt begleitet linker Hand den Weg, Wir steigen aber nicht hinunter, sondern bleiben auf dem breiten Saumpfad, dessen ehemalige Pflasterdecke hier an manchen Stellen in Resten noch erhalten ist, während die Begrenzungsmauern allmählich verfallen. Nach 1.50 Std. zweigt links ein schmalerer Weg ab. Die Stelle ist durch ein Steinmännchen markiert. Wir beachten diesen Abzweig nicht, sondern laufen geradeaus weiter. Wenig später mündet unser Saumpfad in einen schmalen Forstweg, auf dem wir uns weiterhin bergauf halten. Nach ca. 80 m zweigt an einer **Gabelung** rechts die Fortsetzung des Saumpfades ab, wir aber halten uns nun links auf dem Forstweg bergauf, wobei wir uns an Steinmännchen orientieren und zwei breite Wege, die kurz hintereinander nach links führen, nicht beachten.

Die Steigung läßt bald deutlich nach, der Wald wird immer lichter, die dunkle Aschewüste des Llano del Jable kündigt sich bereits durch vulkanische Auswürflinge an, die den Boden bedecken. Bald wird der Blick frei auf den rötlich-grauen, nur schütter mit niedrigen Kiefern bewachsenen Westabhang der Montaña Quemada (1376 m). Kurz darauf stehen wir bereits mitten im **Llano del Jable** (2.15 Std.), der sich zu Füßen des Pico Birigoyo erstreckt, dessen runde, unbewaldete Kuppe an klaren Tagen in südöstlicher Richtung zu sehen ist. Linker Hand er-

Restaurant
La Cascada
760 m | El Paso
650 m

4.30 Std.   5 Std.
11 km

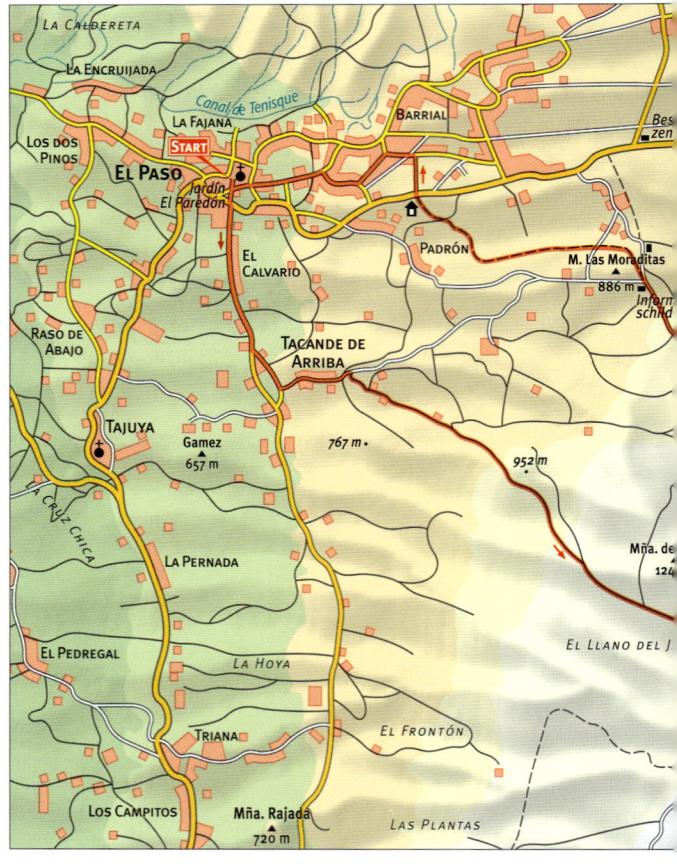

blicken wir nun die Cumbre Nueva und in ihrer Fortsetzung die Bergzüge, die die Caldera de Taburiente begrenzen. Eine breite Fahrspur führt in die Aschewüste hinein. Wenige Minuten später tritt von links, noch vor der **Montaña Quemada,** eine weitere Fahrspur hinzu.

Diese Stelle merken wir uns für den Rückweg. Zuvor können wir jedoch im Llano del Jable eine Pause einlegen und nach Belieben in diesem Gebiet, das durch einen eigenen, spröden Reiz besticht, herumstreifen. Der Rückweg führt dann

über die bereits beschriebene Fahrspur, wobei wir zunächst direkt auf La Cumbrecita zuhalten, eine auffällige Scharte in der Caldera-Umrandung (s. Tour 11).

Die Montaña Quemada lassen wir rechts liegen. Links voraus erhebt sich am Rand des Aschefeldes die niedrigere, vollständig bewaldete Kuppe der Montaña de Enrique (1242 m). Die Fahrspur führt zum **Waldrand,** wo von rechts eine weitere Aschepiste hinzutritt (2.30 Std.). Hier gehen wir geradeaus weiter und stehen kurz darauf vor einer Kette,

kanten Linkskurve sehen wir vor uns einen alten Saumpfad, der als breiter Hohlweg vom Llano del Jable hinunterkommt. Auf seiner Fortsetzung werden wir später streckenweise laufen. Wir könnten bereits hier auf einem durch ein Steinmännchen markierten Pfad zu ihm hinuntergehen. Bequemer ist es jedoch, zunächst auf der Piste zu bleiben. Diese endet scheinbar auf einer Lichtung, wo Zwergginster als Futterpflanze angebaut wird. Unterhalb eines **zusammengeschobenen Erd- und Gesteinshaufens** (3 Std.), der Geländewagen an der Auffahrt hindern soll, setzt sich der holprige Fahrweg jedoch fort. Etwa 100 m weiter gelangen wir an eine Kreuzung. Wir gehen geradeaus weiter. Der von Bruchsteinmauern eingefaßte Saumpfad verläuft nun unmittelbar rechts von uns. An der nächsten Kreuzung, die bald darauf erreicht ist, verlassen wir die Piste, die hier im Bogen nach links schwenkt, und gehen rechts auf dem mit **Steinmännchen markierten Saumpfad** weiter. Schon nach etwa 10 m gilt es aufzupassen. Hier darf man nicht nach rechts in den Wald hinein abbiegen, sondern hält sich geradeaus zwischen den Steinmauern. Der einstmals breite Karrenweg ist im folgenden Verlauf recht zugewachsen. Stellenweise bleibt nur noch ein schmaler Pfad frei, der jedoch von Wanderern häufig benutzt wird.

Wenige Minuten später treffen wir wieder auf die Piste, gehen auf dieser wenige Meter nach rechts und finden, durch ein Steinmännchen markiert, linker Hand die Fortsetzung unseres Saumpfades. Wieder schneiden wir eine enge Pistenkurve ab und treffen schon bald wieder auf den Fahrweg, auf dem wir nun links gehen. Die Piste geht wenig

die den Weg für Fahrzeuge sperrt. Fußgänger können jedoch passieren. Wir haben nun den Llano del Jable verlassen und laufen auf einem breiten Waldweg sanft bergab. Eine Abzweigung nach rechts führt zu einem Haus, wir beachten sie nicht. Unsere Route, die hier vorübergehend von Rosmarin und Zistrosen gesäumt wird, führt in eine mit Obstbäumen bestandene Senke und biegt dort nach rechts ab. Der Weg hält sich weiter abwärts. Eine Abzweigung, die nach rechts oben führt, ignorieren wir. In einer mar-

später in eine schmale Straße über. Etwa 20 m nach dem Beginn der Asphaltdecke finden wir rechts erneut den durch Steinmännchen markierten Einstieg in den von Bruchsteinmauern flankierten Saumpfad. Dieser ist von hier an nicht mehr so stark zugewachsen. Auf weichem Waldboden, aus dem allerdings zahlreiche spitze Steine herausragen (Stolpergefahr!), geht es zügig bergab. Vor einem mit Zwergginster bestellten Feld mündet von rechts ein Fahrweg ein (3.15 Std.). Kurz darauf erreichen wir wiederum die Straße, queren diese und laufen geradeaus auf der Fortsetzung des Saumpfades weiter. Nach 3.30 Std. stehen wir abermals an der Straße, in die der Saumpfad nun geradeaus übergeht. Auf der Straße laufen wir weiter abwärts, zur Linken das mit Stacheldrahtzaun umgebene, weitläufige Gelände einer mitten im Wald errichteten **Villa**. Das Gefälle hat nun deutlich nachgelassen, und allmählich lösen Obstbaumplantagen und Ginsterfelder den Kiefernwald ab. In einer lang ausgezogenen Rechtskurve treffen wir auf ein **Informationsschild** der Naturschutzbehörde (3.45 Std.), das darauf hinweist, daß wir den Naturpark Cumbre Vieja verlassen. An dieser Stelle zweigen links zwei breite, steinige Fahrwege ab. Wir wählen den unteren, der linker Hand von riesigen Mandelbäumen flankiert wird und dadurch fast wie eine Allee wirkt.

Eine erste Abzweigung nach links ignorieren wir. Der zweiten, vor einem kleinen **Ferienhaus mit rotem Ziegeldach,** folgen wir jedoch. Zwei verwitterte rote Pfeile weisen hier überdies den Weg. Rechts ergibt sich bald ein schöner Ausblick in den oberen Teil des Aridane-Tals mit dem dunklen Lavastrom der Montaña Quemada im Vordergrund. Hinter einem weiteren Haus beginnt ein selten begangener, steiniger Wegabschnitt, wo wegen Stolpergefahr etwas Vorsicht geboten ist! Bald sind erste **Weinbergterrassen** erreicht. Hier führt der alte, von hohen Bruchsteinmauern gesäumte Saumpfad vorübergehend sehr steil bergab. Man umgeht diese Gefällstrecke am besten im Bogen nach links, wo man einen Trampelpfad findet. Bald schon befinden wir uns wieder auf dem alten Karrenweg. Nochmals gilt es, eine, wenn auch kurze, so doch durch loses Gestein unangenehme Passage zu überwinden, bis nach 4 Std. ein breiterer Feldweg erreicht ist. Auf diesem laufen wir geradeaus weiter.

Wir passieren ein Gehöft, an dem links ein Feldweg abzweigt, den wir nicht beachten. Etwa 50 m weiter verlassen wir den von Bruchsteinmauern gesäumten Saumpfad und schwenken nach rechts in einen Fahrweg ein. Dieser führt uns zu dem **Lavastrom,** der zuvor schon aus größerer Höhe sichtbar gewesen war. Die Route schlängelt sich nun quer über dieses unwirtliche Gelände, in dem sich kaum verwitterte, von grauen Flechten überzogene Lavabrocken auftürmen. Dazwischen gedeihen lediglich ein paar Mondampfersträucher. Einen von links im spitzen Winkel hinzutretenden Weg beachten wir nicht. Nach 4.15 Std. zweigt links ein weiterer Weg ab, den wir ebenfalls ignorieren. Wir halten nun wieder auf die Scharte der Cumbrecita zu, passieren bald darauf einen Strommast und erreichen die ersten **Häuser von El Paso.**

Kurz darauf geht der Fahrweg vorübergehend in eine schmale Straße über, deren Asphaltdecke allerdings schon bald wieder endet. Wir gehen

Auf dem Weg von Tacande de Arriba nach El Jable

geradeaus weiter und stehen nach 4.30 Std. an der Durchgangsstraße. Links von uns befindet sich das **Restaurant La Cascada.** Wir überqueren die Straße und laufen geradeaus auf der **Calle Ugranfir** weiter. Sie mündet in eine weitere Straße, auf der wir uns links halten und kurz darauf geradeaus weitergehen (also nicht rechts abbiegen). In diesem Ortsteil sieht man noch etliche alte Bauernhäuser mit dunklen Natursteinmauern und roten Ziegeldächern, die allerdings heute meist nicht mehr bewohnt sind. Bei den Besitzern handelt es sich zumeist um Emigranten, die ihre Häuser jahr-

zehntelang leerstehen lassen, um sie dann gewinnbringend an wohlhabende Ausländer zu verkaufen. Andere wiederum bauen sich als Altersruhesitz ein neues, modernes Haus daneben.

Kurz nach Passieren der **Bungalowanlage Doña Elida** gabelt sich die Straße, wir gehen rechts. Bei einer **winzigen Grünanlage,** wo sich neben zwei Fächerpalmen ein stattliches Drachenbaum-Exemplar erhebt, tritt von rechts eine weitere Straße hinzu. Wir halten uns weiterhin abwärts. Bald darauf gabelt sich die Straße an einem auffälligen Holzkreuz, das sich vor einem Haus er-

hebt. Hier gehen wir links. Das Ortszentrum von El Paso rückt jetzt
näher, kenntlich an dem weithin
sichtbaren spitzen Kirchturm. Über
eine Kreuzung gehen wir geradeaus
hinweg, nun auf die Kirche zuhaltend. Bald sehen wir rechts von uns
die alte, geschmackvoll restaurierte
Pfarrkirche von El Paso, deren Ne-
bengebäude aufwendig mit typischen kanarischen Holzbalkonen
verziert sind. Dahinter zweigt rechts
die **Calle Generalísimo Franco** ab, die
zur modernen Pfarrkirche führt. Sie
lohnt einen kurzen Abstecher. Im Kir-
cheninneren fallen die neugotischen
Holzaltäre sowie die im gleichen Stil
gehaltene Kanzel auf. Sehenswert
sind auch die bunten Glasfenster.
Vom Kirchenvorplatz überblickt man
das Ortszentrum von El Paso, das allerdings durch die zahlreichen, nicht
dem alten Baustil angepaßten Neu-
bauten ein recht uneinheitliches Bild
abgibt.

Vom Kirchplatz führt eine symme-
trische Freitreppe abwärts. Wenn
man sich auf dieser links hält, gelangt man zurück in die Straße, auf
der man auch direkt von der alten
Kirche herabkäme, wenn man den
Abstecher zur neuen Pfarrkirche
nicht unternommen hätte. Abwärts
ist kurz darauf der **Ausgangspunkt**
der Wanderung erreicht (5 Std.).

Vulkane, Aschewüsten und Lavaströme

Das Landschaftsbild im Süden La
Palmas, im Bereich der Cumbre
Nueva und der Cumbre Vieja, ist
weithin durch kleine Vulkankegel,
wie die Montaña Quemada (1376 m)
und die stärker bewaldete Montaña
de Enrique (1242 m), geprägt. Sie
bestehen aus lockerer Asche und

gröberen Auswürflingen *(lapilli)*.
Junge Vulkane, wie die Montaña
Quemada (»Verbrannter Berg«), sind
oft von der Vegetation noch kaum
besiedelt. Vulkanasche und Lapilli
flogen bei den Eruptionen durch die
Luft und bedeckten zuweilen weite
Flächen. So entstanden die *jables*
(ein kanarischer Ausdruck für Sand).
Diese dunklen, bizarren Landschaf-
ten erinnern ein wenig an Sandwü-
sten. Das größte und bekannteste
Vulkanaschenfeld ist El Llano del
Jable.

Oft traten aus den Kratern heiße
Lavaströme aus, die sich durch
fruchtbares Kulturland ihren Weg
hinab zur Küste bahnten und dabei
rauhe Schollenfelder hinterließen,
die für die Landwirtschaft unbrauchbar sind und daher von den Einheimischen *malpaís* (schlechtes Land)
genannt werden. Ein solcher Lavastrom wälzte sich, wie man aus
mündlichen Überlieferungen weiß,
Ende des 15. Jh., ausgehend von der
Montaña Quemada, kilometerweit
Richtung El Paso. In unmittelbarer
Nähe ereignete sich 1585 die sogenannte Tahuya-Eruption. Wiederum
wälzten sich Lavamassen die Ge-
birgsflanken hinunter und überflossen Teile des einstmals fruchtbaren
Ackerlandes von El Paso. Ein Großteil des Gemeindegebietes war dadurch für die Landwirtschaft verdor-
ben. Allenfalls Weinreben gedeihen
hier und da auf den jungvulkanischen Böden. Man pflanzte daher
seit dem 16. Jh. vermehrt Maulbeer-
bäume, deren Blätter Seidenraupen
als Nahrung dienen. Bis ins 19. Jh.
hinein lebte man in El Paso vorwiegend von der Seidenherstellung.
Noch heute gibt es im Ort einige Sei-
denweber. In der Escuela de Seda,
Calle Manuel Taño, kann man sie bei
der Arbeit beobachten.

Auf dem Königsweg

Über den Reventón nach Breña Alta

Einst war der *Camino Real* der Hauptverbindungsweg zwischen dem Ost- und dem Westteil der Insel. Der Reventón-Paß (1410 m) ist einer der niedrigsten Punkte der dazwischenliegenden Cumbre. Man läuft auf einem großenteils noch gepflasterten, alten Saumpfad.

DIE WANDERUNG IN KÜRZE

++
Anspruch

5 Std.
Gehzeit

550 m
Anstieg

1050 m
Abstieg

Charakter: Mittelschwerer Anstieg auf breitem, teilweise gepflastertem Saumpfad; steiler Abstieg, teils auf Pflasterwegen, bei Nässe rutschig

Einkehrmöglichkeiten: Mehrere Bars in Breña Alta (San Pedro) am Endpunkt der Wanderung

Anfahrt: Mit dem Pkw: Von Los Llanos oder Santa Cruz auf der Cumbre-Straße bis zum Besucherzentrum des Nationalparks (Centro de Visitantes) in Las Piedras östlich von El Paso. Die Rückfahrt vom Endpunkt der Wanderung zum Besucherzentrum erfolgt mit dem Bus (Linie 1), der zwischen Santa Cruz und Los Llanos ca. alle 1 bis 2 Std. verkehrt. **Mit dem Bus:** Nach Las Piedras mit Linie 1 von Santa Cruz ca. alle 1 bis 2 Std., von Los Llanos ebenfalls mit Linie 1 ca. halbstündlich bis stündlich.

Vom **Parkplatz des Besucherzentrums** wenden wir uns auf der Straße abwärts und finden dort gleich darauf eine Abzweigung nach rechts, die mit »Mirador de La Cumbrecita« beschildert ist. Dieser Nebenstraße, der **Calle Calderón**, folgen wir bis zu ein paar Häusern (15 Min.), wo wir auf eine Kreuzung treffen. Hier halten wir uns rechts, der Beschilderung »Pino de la Virgen« folgend. Mandelplantagen, die sich Anfang Februar in ein zartrosa Blütenkleid hüllen, säumen diesen Abschnitt unserer Route.

Wir passieren eine riesige Grube, wo man vor Jahrzehnten vulkanisches Lockermaterial abgebaut hat.

Damit schuf man auf dem unwirtlichen Lavastrom, der sich 1948 im Verlauf der San-Juan-Eruption bei Puerto Naos ins Meer geschoben hatte, einen künstlichen Boden für die dort neu angelegten Bananenplantagen. Der obere Teil der Straße ist eine regelrechte Allee, an der sich hohe Kanarische Kiefern reihen. Bald darauf erreichen wir die **Ermita del Pino** (30 Min.), neben der sich eine mächtige Kiefer erhebt. Auf der breiten Terrasse der Wallfahrtskapelle lohnt eine Pause. Dann wenden wir uns hinter dem Gebäude einem aufwärts weiterführenden Weg zu, der an einer hölzernen Informationstafel der Nationalparkverwal-

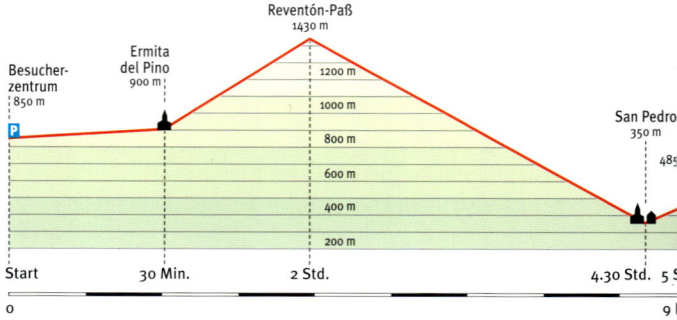

tung beginnt und mit »Cumbre Nueva, Pico de la Nieve« ausgeschildert ist. Hier wachsen besonders schöne, ausgewachsene Exemplare der Kanarischen Kiefer. Die Fahrspur, auf der wir laufen, ist auf dem mit Kiefernnadeln bedeckten Waldboden teilweise nur schwer auszumachen, doch es genügt, sich einfach bergauf zu halten, eine Bruchsteinmauer zur

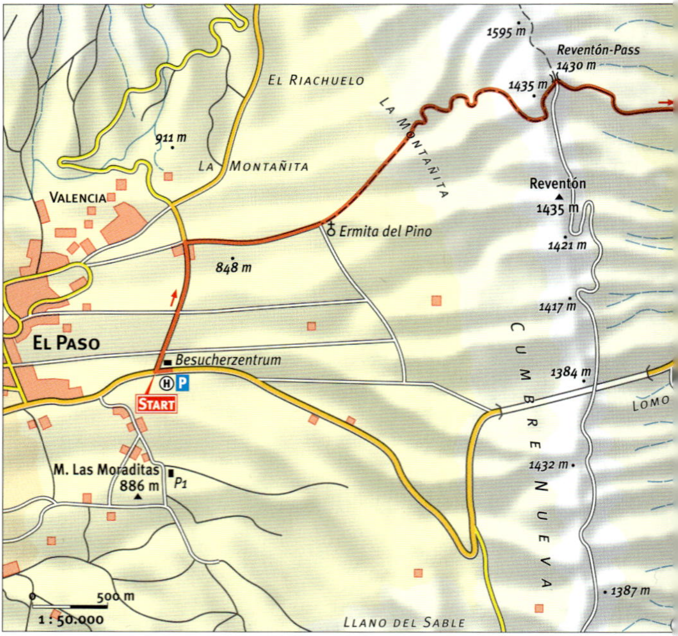

Linken, hinter der sich eine Pflanzung jüngerer Bäume erstreckt. Wir befinden uns auf einem Bergrücken, der sich vom oberen Aridane-Tal zum Fuß der Cumbre Nueva hinaufzieht. Nach 1 Std. zweigt links ein breiter Waldweg hangabwärts ab. Wir aber gehen geradeaus weiter, die Steigung nimmt nun deutlich zu. Der Weg ist von hier an mehr oder weni-

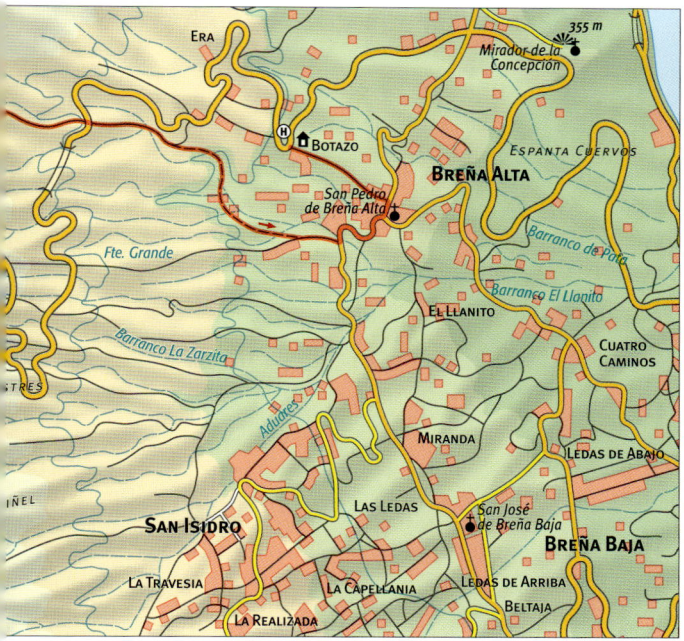

ger durchgehend mit groben Bruchsteinen gepflastert. Schon kurz nach der Eroberung der Insel durch die Spanier im 15. Jh. wurde er auf diese Weise mit Mitteln, die die Krone zur Verfügung stellte, als sogenannter Königsweg *(Camino Real)* angelegt. Er stellte die Hauptverbindung vom Ost- in den Westteil La Palmas dar, bevor man im 20. Jh. Straßen baute.

In Serpentinen geht es aufwärts, wobei sich die Route weiterhin an dem Bergrücken orientiert. Immer wieder ergeben sich herrliche Ausblicke, zunächst nur bis El Paso mit seiner auffälligen Kirche, später dann weiter hinab bis zu den Bananenplantagen im unteren Teil des Aridane-Tals. Nach 2 Std. schließlich stehen wir am **Reventón-Paß,** wo eine Pause lohnt, um – bei hoffentlich guter Sicht – nun auch zur Ostseite der Insel hinunterzuschauen.

Wir blicken auf die verstreuten Ortsteile von Las Breñas, und zur Linken sieht man die Inselhauptstadt Santa Cruz. Hier auf dem Kamm der Cumbre Nueva verläuft eine Piste, die sich am Reventón-Paß, aus Süden kommend, in nördlicher Richtung in zwei Fahrwege aufgabelt. Neben dem rechten dieser Wege, der am Ostabhang der Cumbre verläuft, zweigt rechts die Fortsetzung unseres Königswegs ab.

Er führt zunächst sanft bergab und steigt dann wieder leicht an, bevor es etwa 5 Min. später steiler hinunter geht. Die Vegetation hat sich nun deutlich verändert. Hier ist es häufig bewölkt, und dementsprechend üppig präsentiert sich der Pflanzenwuchs. Wir treten schon bald in einen feuchten **Lorbeerwald** ein. Nach 2.30 Std. treffen wir auf einen breiteren Weg, wo wir uns nach rechts,

Schrein am Weg vom Reventón nach Breña Alta

also bergab, wenden. Hinter der nächsten Linkskurve zweigt 5 Min. später im spitzen Winkel abwärts die Fortsetzung des gepflasterten Königswegs ab, auf dem wir den breiten Fahrweg wieder verlassen. Wir schneiden aber lediglich eine Serpentine der Forstpiste ab und treffen bald wieder auf diese, wo wir rechts, also weiter bergab laufen. In Serpentinen geht es abwärts, bis nach 2.50 Std. zur Linken wiederum ein Teilstück des alten Königswegs, markiert durch ein **Steinmännchen,** abzweigt.

Auch diesmal erreichen wir bald wieder den Fahrweg und wenden uns auf diesem weiter hinab. Allmählich lichtet sich der Wald, und wir treffen auf einen gemauerten **ehemaligen Aussichtsbalkon** (3 Std.). Doch der Blick ist mittlerweile von Gebüsch völlig verstellt. Bei schönem Wetter lohnt es sich dennoch, auf der zur Sitzbank ausgestalteten Mauer eine Pause einzulegen. Einen weiteren Aussichtsbalkon mit Blick Richtung Süden zur Cumbre-Straße, die tief unter uns aus dem Túnel Chico austritt, erreichen wir nach 3.20 Std. Fünf Minuten später queren wir einen abgedeckten Wasserkanal und

gehen geradeaus weiter. Kurz darauf erblicken wir genau voraus San Pedro, den größten Ortsteil von Breña Alta, das Ziel unserer Wanderung. Doch bis dahin ist noch ein steiler Abstieg zu bewältigen. Zunächst ist die **Cumbre-Straße** zu queren, an der wir nach ca. 3.30 Std. stehen.

An ihr entlang gehen wir etwa 50 m nach links, wo wir vor der nächsten Kurve bei einer hohen Kiefer die Fortsetzung unseres Wanderwegs finden. Voraus sehen wir nun einen größeren Barranco. Schon bald treten wir aus dem Wald heraus und sehen den Talgrund nah vor uns. Man hat hier einige Terrassenfelder angelegt, und die Hänge sind dicht mit Eßkastanienbäumen bepflanzt. Wir erreichen eine **Piste** (3.45 Std.), auf der wir uns kurz links abwärts wenden, um sie aber schon nach etwa 10 m wieder nach rechts auf der Fortsetzung des Königswegs zu verlassen. Im Bogen führt der Weg durch den **Talgrund des Barrancos,** wo von links ein schmalerer Pfad einmündet, den wir nicht beachten. Unser Weg verläuft vorübergehend entlang der Talflanke, knickt dann jedoch, von niedrigen Mauern gesäumt, nach rechts ab, um sich wiederum dem Talgrund zu nähern (hier nicht geradeaus weitergehen!).

Im **Talgrund** halten wir uns weiter abwärts. Wir queren abermals eine **abgedeckte Wasserleitung** (4 Std.) und laufen jetzt direkt durch das mit grobem Geröll übersäte, meist ausgetrocknete Bachbett, das von Terrassenfeldern flankiert wird, die von hohen Bruchsteinmauern abgestützt werden. Nach 4.10 Std. sind erste Häuser erreicht, vor denen wir links auf einer breiten Piste abwärts gehen. Gleich darauf quert ein Wasserkanal auf einer Brücke den Weg. Dahinter geht die Piste in einen asphaltierten Fahrweg über. Kurze Zeit später wenden wir uns an einer Gabelung links, also abwärts. Dann stehen wir am Ortsrand von **San Pedro,** dem Hauptort der Gemeinde **Breña Alta.** An der Hauptstraße entlang gehen wir nach links und erreichen wenige Minuten später die zentrale **Plaza** (4.30 Std.).

Hier bietet sich eine Pause an, z. B. in der **Bar Teneguía.** Weitere Einkehrmöglichkeiten findet man, wenn man vom Platz in nördlicher Richtung auf der Calle 30 de Mayo weiterläuft. Wer zur nächstgelegenen Bushaltestelle an der Cumbre-Straße gelangen will, hält sich dann schräg gegenüber von der Einmündung der Straße, die von der Calle 30 de Mayo zur Kirche hinunterführt, links aufwärts durch die Calle El Roble. Es geht steil aufwärts, bis etwa 20 Min. später die Hauptstraße erreicht ist (5 Std.). Die Wartezeit auf den Bus kann man in der nahegelegenen Bar Los Vinos verkürzen. **Der Bus** in Richtung Los Llanos hält auf der anderen Straßenseite genau **gegenüber vom Wartehäuschen.**

Die Kiefernjungfrau

Der Kult der Virgen del Pino (Jungfrau der Kiefer) ist auf La Palma recht verbreitet und hat sein Zentrum in der Ermita de la Virgen del Pino, die sich malerisch und weithin sichtbar am Waldrand oberhalb von El Paso erhebt. Hier verehrte man einst in einer Höhlung im Stamm einer Kiefer eine kleine Marienstatue. Dieser Baum, in dessen Krone es der Legende nach eine Marienerscheinung gegeben haben soll, entwickelte sich zum Ausgangspunkt einer vielbesuchten Wallfahrt, vielleicht, weil er verkehrsgünstig am Camino Real (Königsweg) lag, der früher die Verbindung zwischen Santa Cruz und dem Aridane-Tal herstellte. Im 19. Jh. erreichte die Marienverehrung in der gesamten christlichen Welt einen Höhepunkt. Auch auf La Palma nahm der Zustrom der Pilger zur Wallfahrt der Virgen del Pino gewaltig zu. So wurde bald der Bau einer Kapelle erforderlich, in der man eine neue, größere Madonnenfigur aufstellte. Ob zuvor die alte Kiefer von »einem dieser barbarischen Baumfeinde« gefällt wurde, wie der Historiker Millares Torres meint, sei dahingestellt. Heute erhebt sich wiederum eine recht imposante Kiefer neben der Ermita. Die Gläubigen sammeln ihre Samenkerne und stellen daraus die Süßspeisen her, für die El Paso inselweit bekannt ist. Die Kapelle ist meist verschlossen, außer in der Weihnachtszeit, wenn die palmerischen Familien hierher kommen, um die bescheidene Krippe zu besichtigen. Dann liegt zu Füßen der Madonna das Jesuskind, daneben die Opfergaben, bestehend aus Kiefernzapfen, Walnüssen und Seidenraupenkokons. Dies alles ist sorgfältig auf seidenen Tüchern drapiert, die noch in einigen kleinen Werkstätten in El Paso hergestellt werden. Alle drei Jahre findet am ersten oder zweiten Sonntag im August die Wallfahrt statt, bei der die Madonna in die Pfarrkirche von El Paso gebracht wird. Prächtig geschmückte Festwagen aus allen Teilen der Insel nehmen daran teil. Am ersten Sonntag im September führt man die Statue zurück in ihre Kapelle, wo dann ein von Gesang und Tanz begleitetes Waldpicknick veranstaltet wird. Zum Abschluß gibt es ein Pferderennen, das nur zwischen zwei Tieren ausgetragen wird, wie es die Tradition verlangt.

Annäherung an die Caldera

Vom Reventón zur Punta de los Roques

Der Sattel am Reventón-Paß ist Ausgangspunkt für den anstrengenden Aufstieg zur Schutzhütte an der Punta de los Roques. Die Route verläuft auf einem Berggrat, der den Übergang von der Caldera-Umrandung zur Cumbre Nueva darstellt.

DIE WANDERUNG IN KÜRZE

+++
Anspruch

5.30 Std.
Gehzeit

600 m
An-/Abstieg

Charakter: Gut ausgebauter Bergwanderweg, Trittsicherheit und eine gute Kondition – wegen der Höhenlage – sind allerdings Voraussetzung.

Einkehrmöglichkeiten: Keine

Anfahrt: Mit dem Pkw: Zunächst bis zum am höchsten Punkt der Paßstraße über die Cumbre Nueva gelegene Picknickgelände El Pilar. Man erreicht es aus dem Osten über San Isidro, einen Ortsteil von Breña Alta. Dort bergauf Richtung Cumbre abzweigen. Vom Westen her fährt man Richtung Santa Cruz und biegt kurz vor dem Cumbre-Tunnel hinter einer markanten Linkskurve rechts Richtung Cumbre ab. Unweit östlich des Freizeitgeländes El Pilar zweigt man von der Paßstraße auf die ausgeschilderte Pista Hilera de la Cumbre ab und folgt ihr in nördlicher Richtung. Die Piste weist einige recht ausgewaschene Passagen auf, daher ist Vorsicht geboten! Die breite Piste endet am Reventón-Paß, bis zu dem man von der Cumbre-Straße ca. 20 Min. benötigt. **Mit dem Bus** ist der Ausgangspunkt nicht zu erreichen. **Zu Fuß** gelangt man von El Paso zum Reventón, indem man der Beschreibung von Tour 9 folgt (insgesamt ca. 3.50 Std. zusätzliche Gehzeit hin und zurück).

Hinweis: Die Schutzhütte an der Punta de los Roques ist nicht bewirtschaftet.

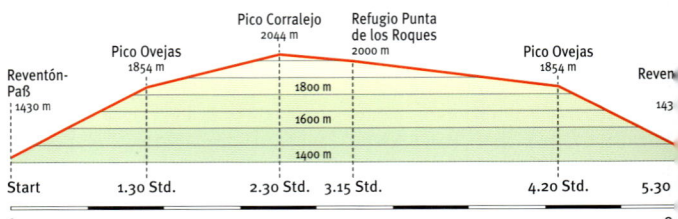

In den Höhenlagen – hier auf dem Weg zur Punta de los Roques – trifft man auch schon mal auf Schnee

Am **Reventón-Paß** zweigen mehrere Wege ab. Wir halten uns geradeaus aufwärts auf einem Fahrweg, der zunächst am linken Rand eines schmalen Bergrückens verläuft. Dann wechselt der Weg auf die andere Kammseite und steigt an einem mit Lorbeerwald bedeckten Hang an. Die Laubbäume werden schon bald durch lichten Kiefernwald abgelöst. Lange Flechtenbärte hängen von den Ästen herunter. Dies ist ein Zeichen für die oft sehr hohe Luftfeuchtigkeit in diesem Bereich –, hervorgerufen durch die Passatbewölkung, die sich zwar meist etwas unterhalb ausbreitet, jedoch relativ oft auch

bis in diese Höhenlage ansteigt. Der Fahrweg geht nach 30 Min. in einen schmaleren Fußweg über. Wir wandern nun steiler bergauf, wobei sich die Route stets an dem felsigen Bergrücken orientiert, der den südlichen Ausläufer der Umrandung der Caldera de Taburiente und deren Übergang in die Cumbre Nueva bildet.

Zu beiden Seiten ergeben sich immer wieder grandiose Ausblicke. Während die Sicht nach Osten oft durch die Passatwolkenobergrenze versperrt ist, schauen wir links in den sonnigen Westteil La Palmas. Im weiteren Verlauf ergibt sich nach

links auch ein schöner Blick auf den benachbarten, dicht bewaldeten Pico Bejenado (s. Tour 13). Nach etwa 1.30 Std. überschreiten wir eine auffällige **Felskuppe** und erreichen kurz darauf den **Pico Ovejas** (1854 m). Eigentlich handelt es sich hierbei gar nicht um einen richtigen Gipfel, sondern lediglich um eine Kuppe, die den Beginn eines langgezogenen Bergkamms markiert, der sich in nördlicher Richtung zur Caldera de Taburiente hinzieht.

Wir können unmittelbar neben einer Hinweistafel auf einem linker Hand abzweigenden Pfad einen **Abstecher** von wenigen Metern zu einer **felsigen Aussichtskanzel** machen, von der unser Blick frei in westliche Richtung schweifen kann. Dann kehren wir zum Hauptweg zurück und folgen diesem weiter aufwärts, nun mit deutlich verminderter Steigung. Zistrosen säumen hier in großer Zahl den Weg, die im Frühjahr üppig blühen.

nur etwa 50 m entfernt ist. Von hier aus erblicken wir bereits das gesamte Panorama der Caldera-Umrandung. Im Vordergrund erhebt sich die Punta de los Roques, das Ziel unserer Wanderung.

Von der **Gipfelsäule** führen zwar geradeaus Trittspuren weiter, die sich aber auf der felsigen Kuppe verlieren. Wir gehen daher auf demselben Pfad, auf dem wir heraufgekommen sind, zum Hauptweg zurück. Der Weg hält sich jetzt an der linken Flanke des Bergrückens und führt auf das **Refugio Punta de los Roques** zu. Nach 3.15 Std. ist die einfache Berghütte, die aber immerhin als Notunterkunft dienen kann, erreicht. Zahlreiche Felsen, die mehr oder weniger markant aus der Umgebung herausragen, gaben der Punta de los Roques ihren Namen. Der höchste dieser Gipfel, ein mächtiger, 2094 m hoher Felsklotz, ragt etwa 100 m jenseits der Berghütte links des Weges empor. Der Aufstieg sollte aber geübten Kletterern vorbehalten bleiben. Alle anderen werden es bei einem Picknick im Sonnenschein an der Berghütte belassen (sollte es nebelig sein, findet man im Inneren des Gemäuers Zuflucht) und den einmalig schönen Blick über die Cumbre Nueva und die dahinterliegende, höhere Cumbre Vieja genießen. Beide ragen meist aus dem Wolkenmeer heraus, das sich in der Regel im Tagesverlauf rund um die Insel bildet. Um einen Blick in die Caldera de Taburiente zu werfen, läuft man am besten wenige Schritte in nordwestlicher Richtung auf einem Pfad, der zu einem **Felsvorsprung** führt, einer Art natürlicher Aussichtskanzel. Der Rückweg entspricht dem Hinweg. Nach 5.30 Std. stehen wir wieder am **Reventón-Paß**.

Nachdem wir vorübergehend durch offeneres Gelände gelaufen sind, wandern wir bald wieder durch – allerdings recht lockeren – Kiefernwald, in dem es zunehmend steiler bergauf geht. Eine Gipfelsäule kommt in Sicht. Gleich darauf stehen wir an einer **Holztafel** (2.30 Std.), die auf den nahegelegenen **Pico Corralejo** hinweist. Rechts neben dem Schild beginnt ein schmaler Pfad, auf dem wir einen **Abstecher** zum nahegelegenen **Gipfel** machen, der

Leichte Aussichtsrunde

Rund um die Cumbrecita

Eher ein Spaziergang ist der Rundweg an der Cumbrecita, der niedrigsten Stelle der Caldera-Umrandung. Etappenziele sind der Mirador de los Roques und der Lomo de las Chozas, zwei Aussichtsbalkone mit Blick in die Caldera de Taburiente.

DIE WANDERUNG IN KÜRZE

+

Anspruch

1.30 Std.

Gehzeit

50 m

An-/Abstieg

Charakter: Gut ausgebaute und markierte Fußwege und Pisten

Einkehrmöglichkeiten: Keine

Anfahrt: Mit dem Pkw: Man fährt zunächst auf der Cumbre-Straße von Los Llanos oder Santa Cruz bis zum *Centro de Visitantes* (Besucherzentrum des Nationalparks), das 3 km oberhalb von El Paso bei Las Piedras gelegen ist. Unmittelbar neben dem Besucherzentrum biegt man in eine nördlich abzweigende Straße ein, die mit »Mirador de la Cumbrecita« beschildert ist. Von der Abzweigung am Besucherzentrum sind es insgesamt 5 km bis zum

Parkplatz an der Cumbrecita. Unterwegs fährt man an der ersten Kreuzung geradeaus, danach an einer Gabelung rechts. (Links ist hier »Valencia« ausgeschildert.) **Mit dem Bus:** Es gibt keinen direkten Linienbusanschluß! Wer allerdings 5 km Anmarsch auf einer wenig befahrenen Straße nicht scheut (450 m Höhenunterschied; Gehzeit pro Strecke ca. 1.15 Std.), fährt mit Linie 1 ab Los Llanos (ca. halbstündlich bis stündlich) oder Santa Cruz (ca. alle 1–2 Std.) bis Las Piedras. Dort hält der Bus am Centro de Visitantes (s. o.). Von hier der Anfahrtsbeschreibung für Autofahrer folgen.

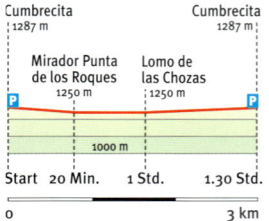

Am Straßenende an der **Cumbrecita** befinden sich zwei Parkplätze. Ein Aufseher der Nationalparkverwaltung weist die Fahrzeuge ein und gibt Informationen zu Wanderungen im Bereich der Caldera de Taburiente. Unser Wanderweg beginnt im hinteren Teil des oberen Parkplatzes, wo eine hölzerne **Informationshütte**

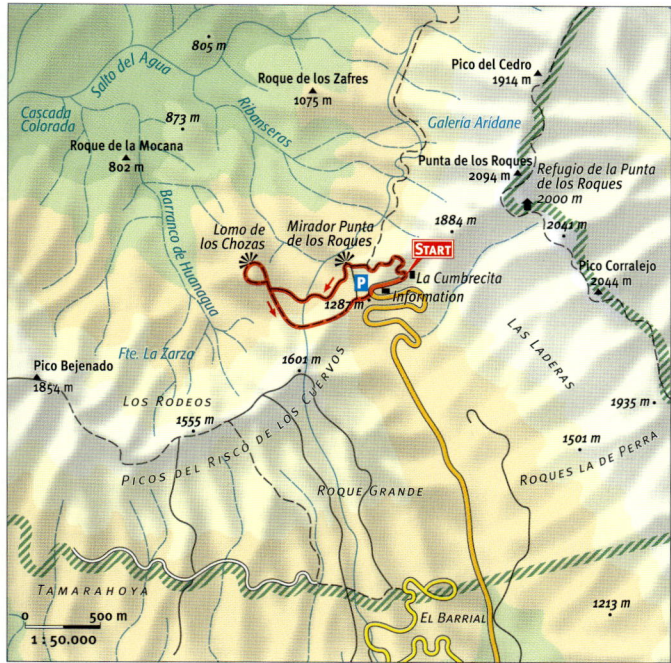

der Nationalparkverwaltung steht. Links an der Hütte vorbei geht es abwärts. Bei einer Informationstafel nach ca. 50 m verzweigt sich der Weg. Wir laufen links auf der breiteren Spur weiter.

In Windungen geht es durch **Kiefernwald,** in dem im Frühjahr die Zistrosen blühen, abwärts bis zu einer Gabelung (10 Min.), wo wir links einem Schild Richtung Mirador de los Roques folgen. Kurz darauf kommen wir an eine Kreuzung. Geradeaus weist etwas unterhalb ein Schild Richtung Lomo de las Chozas. Dort werden wir später weiterlaufen, machen aber zunächst einen Abstecher nach rechts, vorbei an einem mit einer Eisenpforte verschlossenen Stollen zum nahegelegenen Aussichtspunkt **Mirador Punta de los Roques** (20 Min.). Von dort kann man einen

Großteil der Caldera de Taburiente überblicken. Anschließend kehren wir zur Kreuzung zurück und halten uns rechts Richtung Lomo de las Chozas.

Nach Durchqueren einer flachen **Talmulde** geht es vorübergehend leicht bergan über einen niedrigen Bergrücken, wo links steil aufwärts ein Weg abzweigt, den wir nicht beachten. Mehr oder weniger höhenparallel geht es auf dem gewundenen Pfad geradeaus weiter. Nach 40 Gehminuten überqueren wir eine winzige Schlucht auf einer schmalen, aber durch Geländer gesicherten **Holzbrücke.** Zu den Zistrosen gesellt sich im weiteren Verlauf immer öfter die Blättchenreiche Drüsenfrucht mit ihren gelben, ginsterähnlichen Blüten. Wir passieren eine **weitere Holzbrücke** (45 Min.). Ein

Unterwegs tut sich der Blick auf die Cumbre auf

sanfter Anstieg führt zu einer Erdpiste, auf der wir rechts gehen. Diese gabelt sich sogleich. Hier können wir wahlweise rechts oder links gehen und gelangen so oder so kurz darauf zum **Aussichtsbalkon** am **Lomo de las Chozas** (1 Std.).

Treppen führen zu einem **zweiten, kleineren Aussichtsbalkon** hinab. Von beiden Miradores genießt man, wie schon vom Mirador Punta de los Roques, den Blick hinab in die Caldera de Taburiente. Auf der Piste laufen wir nun zurück zum Parkplatz. Dieses Wegstück wurde zu einer Art

Waldlehrpfad ausgebaut. Wir passieren Informationstafeln, die – allerdings nur in spanischer Sprache – auf die Gefahren von Waldbränden aufmerksam machen, Landschaftsformen und Geologie der Umgebung sowie die Pflanzenwelt des Kiefernwaldes erläutern. Es lohnt sich, einen Blick auf die Felswände am Wegrand zu richten, wo Dickblattgewächse, wie die tellerförmige La Palma-Hauswurz und die kleinere Greenovia, gedeihen. Nach 1.30 Std. stehen wir wieder am **Ausgangspunkt.**

Zum einsamen Grat

Von der Cumbrecita zum Escuchadero

Einer der abenteuerlichsten, aber auch schönsten Wanderwege La Palmas führt hoch über dem Grund der Caldera zum Hoyo de los Pinos und weiter bis zur Aussichtskanzel des Lomo del Escuchadero.

DIE WANDERUNG IN KÜRZE

+++
Anspruch

5 Std.
Gehzeit

300 m
An-/Abstieg

Charakter: Schmaler, teilweise schwindelerregender Pfad; Trittsicherheit ist Voraussetzung!

Einkehrmöglichkeiten: Keine

Anfahrt: Mit dem Pkw: Man fährt zunächst auf der Cumbre-Straße von Los Llanos oder Santa Cruz bis zum Centro de Visitantes (Besucherzentrum des Nationalparks), das 3 km oberhalb von El Paso gelegen ist. Unmittelbar neben dem Besucherzentrum biegt man in eine nördlich abzweigende Straße ein, die mit »Mirador de la Cumbrecita« beschildert ist. Von der Abzweigung am Besucherzentrum sind es insgesamt 5 km bis zum

Parkplatz an der Cumbrecita. Unterwegs fährt man an der ersten Kreuzung geradeaus, danach an einer Gabelung rechts. (Links ist hier »Valencia« ausgeschildert.) **Mit dem Bus:** Kein Linienbusanschluß! Wer 5 km Anmarsch auf einer wenig befahrenen Straße nicht scheut (450 m Höhenunterschied; Gehzeit pro Strecke ca. 1.15 Std.), fährt mit Linie 1 ab Los Llanos (ca. halbstündlich bis stündlich) oder Santa Cruz (ca. alle 1–2 Std.) bis Las Piedras. Dort hält der Bus am Centro de Visitantes (s. o.). Von hier der Anfahrtsbeschreibung für Autofahrer folgen.

Am Straßenende an der **Cumbrecita** befinden sich zwei **Parkplätze.** Ein Aufseher der Nationalparkverwaltung weist die Fahrzeuge ein und gibt Informationen zu Wanderungen im Bereich der Caldera de Taburiente. Unser Wanderweg beginnt im hinteren Teil des oberen Parkplatzes, wo eine hölzerne **Informationshütte** der Nationalparkverwaltung steht. Links an der Hütte vorbei geht es ab-

wärts. Bei einer Informationstafel nach ca. 50 m verzweigt sich der Weg. Wir laufen links auf der breiteren Spur weiter. In Windungen wandern wir durch Kiefernwald, in dem im Frühjahr die Zistrosen blühen, abwärts bis zu einer Gabelung (10 Min.), wo es links Richtung Mirador de los Roques geht. Wir aber halten uns rechts, wo ein Schild Richtung Zona de Acampada weist. Es geht leicht bergauf, dann lichtet sich der Wald, und wir schauen hinab in die Caldera de Taburiente. Der Weg führt nun wieder bergab und trifft auf einen parallel zum Hang verlaufenden Pfad (15 Min.), wo wir rechts gehen, weiterhin der Beschilderung »Zona de Acampada« folgend. (Das Abbiegen nach links ist ohnehin verboten, da dort eine Schutzzone beginnt.)

Die Route folgt nun einer **alten Wasserleitung,** die mit Steinen abgedeckt rechts von uns verläuft. Für den folgenden Wegabschnitt sind schon ein wenig Schwindelfreiheit und Trittsicherheit erforderlich. Steil fällt der fast vegetationslose Felshang nach links ab. Es folgt ein erholsameres Wegstück an einem nicht ganz so schroffen, mit Kiefern bewachsenen Abhang.

Praktisch ohne Steigung geht es stets entlang der Wasserleitung weiter. In immer dichterer Folge sind nun Wegabschnitte zu überwinden, wo Trittsicherheit und Schwindelfreiheit erforderlich sind. Wir passieren einen **Regenauffangbehälter** und kommen kurz darauf in einen feuchten Taleinschnitt, wo aus der **Galería Aridane,** einem Stollen, der tief in den Berg getrieben wurde, Wasser in die Rohrleitung sprudelt, die unseren Weg begleitet. Im Tal gedeiht ein kleiner Hain der Kanarischen Weide, eines Busches, der, außer auf den Kanaren, lediglich noch auf Madeira beheimatet ist.

Nachdem wir den nächsten Felssporn umrundet haben, treffen wir auf ein weiteres, ähnlich feuchtes Tal, wo der Weg vorübergehend die Wasserleitung verläßt. Er steigt ins Bachbett hinab und auf der anderen Seite wieder hinauf, um eine gefährliche Passage zu umgehen.

An der nun folgenden Felswand wird der Weg regelmäßig durch herabfallende Gesteinsbrocken verschüttet. Oft bleibt nur ein schmaler, schwindelerregender Trampelpfad frei. Im Zweifelsfall sollte man hier umkehren! Hat man sich zum Weiterlaufen entschlossen, passiert man kurz darauf eine **Hütte.** Für einige Zeit ist der Weg nun wieder problemlos begehbar. Nach rund 1 Std. scheint die Wasserleitung zu verschwinden. Sie ist hier völlig durch Gesteinsgrus verschüttet, und wir passieren einen kahlen, zerfurchten Hang, wo es recht häufig zu Erdrutschungen kommt. Von hier an ist der Weg wieder recht kühn am Steilhang angelegt.

Wir gelangen an eine Gruppe von hohen **Kiefern- und Gagelbäumen.** Die Wasserleitung wurde hier als Rohrleitung quer über ein schmales Tal geführt, wir aber umrunden den Talschluß auf einem Pfad und stehen gleich darauf an der **Galería la Faya,** (1.20 Std.), einem weiteren Wasserstollen, der seinen Namen nach den zahlreichen Gagelbäumen trägt, die in der Umgebung gedeihen. Hier endet der Wasserkanal. Wir aber lau-

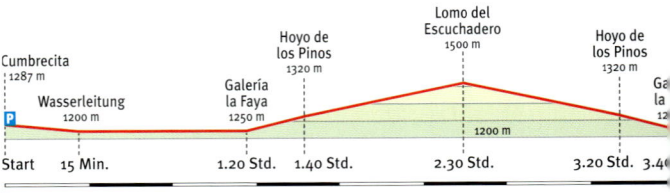

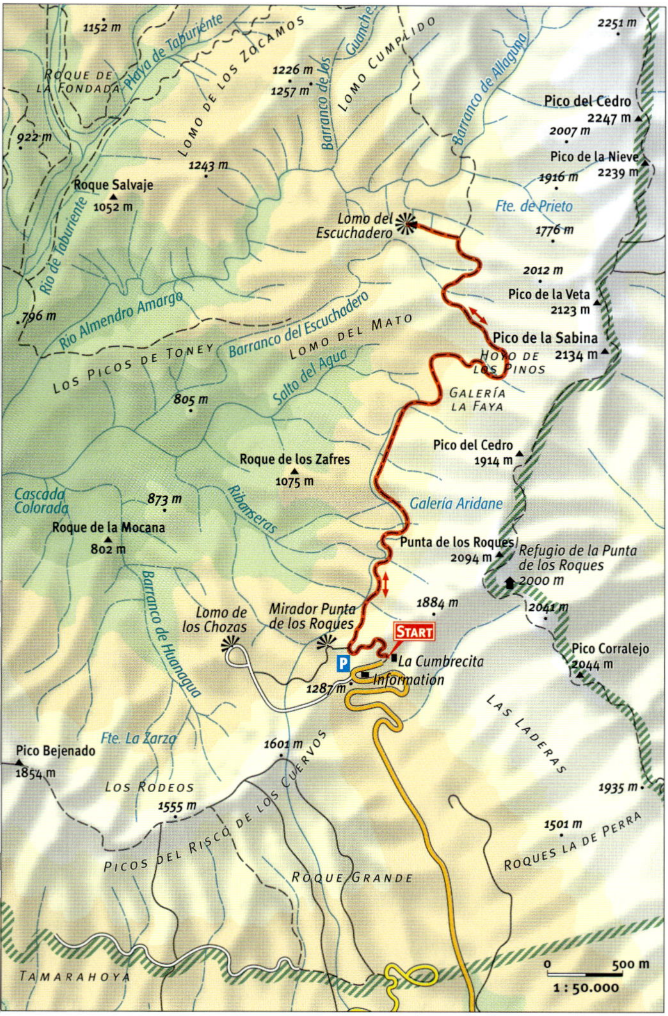

Map labels:

1152 m

Playa de Taburiente

ROQUE DE LA FONDADA

1226 m
1257 m

LOMO DE LOS ZDCAMOS

LOMO CUMPLIDO

Barranco de los Guanches

Barranco de Allagua

2251 m

922 m

1243 m

Río de Taburiente

Roque Salvaje
1052 m

Pico del Cedro
2247 m
2007 m

Pico de la Nieve
1916 m   2239 m

Fte. de Prieto

Lomo del
Escuchadero

1776 m

796 m

Río Almendro Amarga

LOS PICOS DE TONEY

Barranco del Escuchadero

LOMO DEL MATO

2012 m

Pico de la Veta
2123 m

Pico de la Sabina
2134 m

HOYO DE LOS PINOS

Salto del Agua

805 m

GALERÍA LA FAYA

Roque de los Zafres
1075 m

Pico del Cedro
1914 m

Cascada Colorada

873 m

Galería Aridane

Roque de la Mocana
802 m

Ribanseras

Punta de los Roques
2094 m

Refugio de la Punta
de los Roques
2000 m

Barranco de Huanagua

Lomo de
los Chozas

Mirador Punta
de los Roques

1884 m

1044 m

START

1287 m

La Cumbrecita
Información

Pico Corralejo
2044 m

Fte. La Zarza

Pico Bejenado
1854 m

LOS RODEOS

1555 m

1601 m

PICOS DEL RISCO DE LOS CUERVOS

LAS LADERAS

1935 m

1501 m

ROQUES LA DE PERRA

ROQUE GRANDE

TAMARAHOYA

0   500 m
1 : 50.000

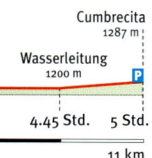

Cumbrecita
1287 m

Wasserleitung
1200 m   P

4.45 Std.   5 Std.

11 km

fen weiterhin zunächst mehr oder
weniger hangparallel auf dem Pfad
weiter und passieren kurz darauf die
Ruine eines Schuppens. Bald aber
beginnt der Pfad über einen mit
Schutt übersäten Hang anzusteigen.
Die Trittspur ist stellenweise recht
schmal, und es gilt aufzupassen, damit man nicht ins Rutschen kommt.

Am Lomo del Escuchadero

Nach 1.30 Std. umrunden wir einen **Felssporn,** hinter dem es vorübergehend wieder bergab geht. Am Wegrand wurde eine Kette angebracht, die das Gehen erleichtern soll. Die nun folgende Durchquerung eines zerfurchten Hanges mit losem, bröckeligem Gestein verlangt einiges an Trittsicherheit ab. Nach 1.40 Std. ist dann das nächste Etappenziel erreicht, der **Hoyo de los Pinos.** Ein Schild am Wegrand weist uns auf diese Stelle hin. Wir stehen in einem idyllischen Taleinschnitt, wo sich nach Regenfällen Wasser kaskadenförmig mehrere Felsstufen hinunterstürzt, weshalb dieser Ort auch **Salto de Agua** (Wasserfall) genannt wird. Meist aber ist das Bachbett ausgetrocknet. Für den weiteren Verlauf unserer Wanderung werden wir der Beschilderung »Zona de Acampada« folgen und einen steinigen Pfad in Windungen aufwärts steigen.

Steinmännchen weisen im oberen Teil, wo der Routenverlauf recht unübersichtlich wird, den Weg. Das steile Bachbett ist hier mit grobem Geröll übersät. Teils wird man die Hände zu Hilfe nehmen müssen, um die groben Felsbrocken zu überwinden. Nach steilem Aufstieg zeigt uns

im oberen Teilbereich ein Hinweisschild zur »Zona de Acampada« an, daß wir uns auf dem richtigen Weg befinden (2 Std.).

Nach weiterem kurzem Anstieg verlassen wir das Bachbett in nördlicher Richtung und laufen nun unterhalb einer hohen Felswand mit Blick nach links in die Caldera de Taburiente und den angrenzenden Barranco de las Angustias. Es geht zunächst mäßig, dann wieder steiler, immer weiter bergauf. Später windet sich der Weg durch schräg aus dem Hang ragende Gesteinsbänke aufwärts. Hier ist wieder in hohem Maße Trittsicherheit gefragt. Nach 2.30 Std. stehen wir auf einem markanten Felsgrat, dem **Lomo del Escuchadero,** wie uns eine Tafel bedeutet.

Nicht allzu weit über uns erheben sich nun steile Kämme, die bereits zur Caldera-Umrandung gehören. Hier beginnt ein schwindelerregender (!) Pfad, der in ca. 3–4 Std. zum Campingplatz an der Playa de Taburiente (s. Tour 14) hinabführt. Wer diesen Weg gehen möchte, sollte sich vorher nach seinem Zustand erkundigen, da er häufig durch Erdrutsche verschüttet ist! Sinnvollerweise beendet man daher die Wanderung am Lomo del Escuchadero. Nicht versäumen sollte man aber den Abstecher zur vorderen Spitze des Grats, der unmittelbar neben der Hinweistafel beginnt. Man zweigt hier links vom Hauptweg ab und läuft auf einem schmaleren Pfad, der dem Kamm folgt, bis zu einer felsigen Erhebung, die es zu erklimmen gilt. Oben befindet sich eine Art natürliche Aussichtsplattform, von der man einen hervorragenden Rundumblick genießt (2.45 Std.). Anschließend kehrt man zurück zum **Parkplatz an der Cumbrecita** (5 Std.).

Der schönste Aussichtsgipfel

Auf den Pico Bejenado

Ein Waldweg führt steil bergan zum Rand der Caldera de Taburiente und weiter auf einem steinigen Saumpfad zum Gipfel des Pico Bejenado, von dem aus man an klaren Tagen wunderschöne Blicke genießt.

DIE WANDERUNG IN KÜRZE

+++

Anspruch

4.30 Std.
Gehzeit

700 m
An-/Abstieg

Charakter: Waldwege, steinige Saumpfade und Forstpisten

Anfahrt: Mit dem Pkw: Man fährt zunächst zum Centro de Visitantes (Besucherzentrum) des Nationalparks Caldera de Taburiente, das oberhalb von El Paso an der Straße nach Santa Cruz liegt. Unterhalb des Besucherzentrums zweigt man in nördlicher Richtung ab (ausgeschildert ist dort »Cumbrecita«). Nach etwa 1 km geht es halblinks weiter, der Beschilderung »Valencia« folgend. Die Straße führt in Serpentinen hinauf in einen Kiefernwald. Nach weiteren etwa 3 km endet die Asphaltdecke. Die nun folgende, breite Piste ist für geübte Fahrer mit dem PKW befahrbar. Noch 2 km weiter treffen wir wieder auf ein kurzes asphaltiertes Stück, wo gleich zur Linken eine schmalere Piste abbiegt, die mit »Bejenado« beschildert ist. An dieser Abzweigung befindet sich eine Parkfläche, wo man den Wagen abstellen kann. **Mit dem Bus:** Zum Restaurant Las Piedras mit Linie 1 ab Santa Cruz (ca. alle 1–2 Std.) oder Los Llanos (ca. halbstündlich bis stündlich). Bis zum Ausgangspunkt folgt man auf Asphaltstraßen und Pisten der Anfahrtsbeschreibung für Autofahrer (zu Fuß pro Strecke etwa 1.45 Std. zusätzliche Gehzeit). **Hinweis:** Die Behörden warnen bei Südostwind, einer seltenen, trocken-heißen Wetterlage, wegen Waldbrandgefahr vor der Benutzung dieses Weges!

Wir folgen der **Pistenabzweigung** (s. o.) aus zu Fuß der mit »Bejenado« ausgeschilderten holprigen Nebenpiste aufwärts. Zunächst werden noch einige Terrassenfelder passiert, auf denen man Futterpflanzen anbaut. Dann führt der Weg durch lichten Kiefernwald. Nach ca. 10 Gehminuten erreichen wir ein Schild, das den Beginn des Nationalparks Caldera de Taburiente markiert. An dieser Stelle gabelt sich die Piste. Wir gehen links und zweigen schon etwa 40 m weiter von der Hauptpiste nach rechts ab, um einem steilen, zerfurchten Fahrweg direkt bergauf zu folgen. Man hält sich nun stets auf dem durch kleine Steinmännchen markierten Weg, der einen flachen Bergrücken hinaufführt. Abzweigungen nach links und rechts bleiben unbeachtet. Immer steiler wird der Anstieg im weiteren Wegverlauf. Nach etwa 50 Gehminuten geht es bei bislang noch recht breite Waldweg in einen Trampelpfad über, der in Serpentinen weiter bergauf führt. Der Blick zurück erfaßt nicht nur das Hochtal bei El Paso, sondern schweift weit zur Küste hinunter bis zu den teilweise mit Plastikplanen abgedeckten Bananenfeldern.

Dann ist der schmale, steinige Bergrücken der **Picos del Risco de los Cuervos** erreicht (1 Std.), dem der Pfad weniger steil ansteigend folgt. Nach rechts ergeben sich Ausblicke auf den Parkplatz am Sattel der Cumbrecita und dahinter in die Caldera de Taburiente. Es lohnt sich, hier eine Rast einzulegen und die herrliche Sicht zu beiden Seiten zu genießen.

Am Bergkamm entlang geht es weiter, die Caldera zur Rechten, El Paso zur Linken. Steilere Passagen wechseln mit flacheren Wegstücken ab. Der Trampelpfad ist stellenweise kaum auszumachen, doch dient der felsige Grat, dem stets aufwärts zu folgen ist, als gute Orientierung. In der Regel hält sich der Pfad ein wenig links unterhalb des eigentlichen Kamms und ist durch Steinmännchen markiert. Recht unvermittelt steht man auf einem **Sattel** (1.15 Std.) und blickt tief hinunter in die Caldera de Taburiente. Direkt unterhalb liegt eine bewaldete Bergnase, an deren Spitze sich der Mirador de las Chozas befindet. (Ein Erdweg führt von der Cumbrecita dorthin, S. Tour 11). Links unterhalb des Miradors erhebt sich, mit seiner ockergelben Färbung kaum von der Umgebung abgehoben, der Roque de Idafe, die markanteste Gesteinsformation der Caldera.

Oberhalb der Felswand, die den Talkessel begrenzt, führt unser Pfad weiter. Nach etwa 100 m besteht die Alternative, entweder weglos ein kurzes Stück steil bergab direkt am Caldera-Rand zu steigen oder diese schwierige Passage auf einem undeutlichen Pfad links im Bogen zu umgehen. Beide Routen führen schon nach 3 Min. auf einem Sattel wieder zusammen. Von nun an ist der Pfad deutlich zu erkennen. Er führt links um eine **steinige Felsnase** herum und dann wieder am Caldera-Rand entlang.

Zur Linken schaut man auf den dahinterliegenden Bergzug der Cumbre Nueva, an der bei Passat-

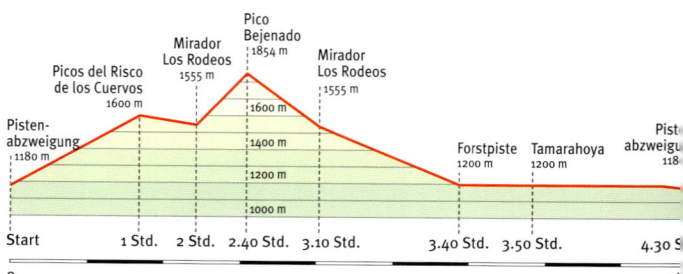

			Pico Bejenado 1854 m						
		Mirador Los Rodeos 1555 m		Mirador Los Rodeos 1555 m					
	Picos del Risco de los Cuervos 1600 m								Pist abzweigu 118
Pistenabzweigung 1180 m			1600 m				Forstpiste 1200 m	Tamarahoya 1200 m	
			1400 m						
			1200 m						
			1000 m						
Start	1 Std.	2 Std.	2.40 Std.	3.10 Std.		3.40 Std.	3.50 Std.		4.30 S

0   9 k

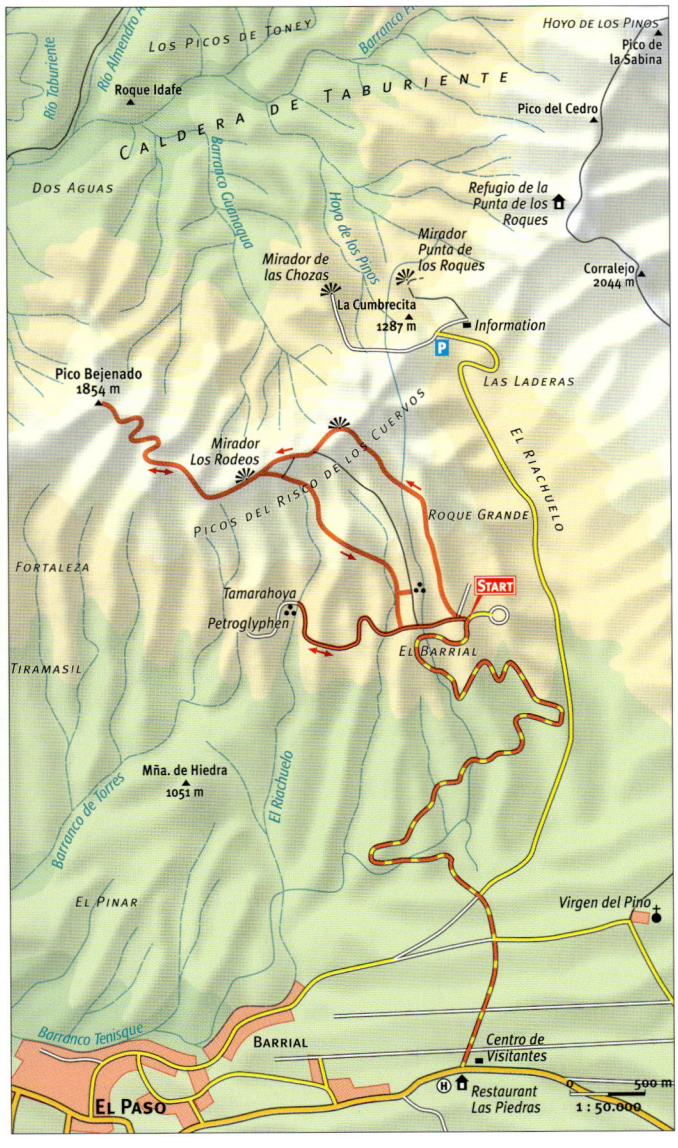

wetterlage die berühmten Wolkenfälle beobachtet werden können. Sie
kommen durch einen Föhneffekt zu-
stande. Über das Meer heranziehen-
de, wasserdampfgesättigte Luft wird

am Ostabhang der Insel zum Aufsteigen gezwungen, wobei die
Feuchtigkeit kondensiert und Wolken bildet. Sobald die Luft über die
Bergkette hinweggezogen ist, fällt

sie herab, erwärmt sich, und die Wolken lösen sich auf.

Ein ebenfalls durch Steinmännchen markierter Pfad kommt nach 1.45 Std. Gehzeit von links unten herauf. Wir gehen aber geradeaus weiter, wo sich unser Pfad verzweigt. Wir wählen die rechte, durch Steinmännchen markierte, aber etwas undeutlichere Trittspur. Sie führt über eine Felsnase, wo man nach Stricklava mit ihren charakteristischen, wulstförmigen Strukturen Ausschau halten kann. Diese bilden sich, wenn die heiße Oberfläche eines gasarmen, dünnflüssigen Lavastroms mit der kühlen Luft in Kontakt kommt.

Bald treffen wir wieder auf einen **breiteren Weg** (2 Std.). Eine Holztafel weist darauf hin, daß wir am **Aussichtspunkt Los Rodeos** stehen. Es geht nun langsam aber stetig in Serpentinen bergauf. Der Weg ist hier – als offizieller Wanderweg – gut ausgebaut und nicht zu verfehlen. Nach 2.40 Std. ist der **Gipfel** des **Pico Bejenado** erreicht. Einer Tafel ist zu entnehmen, daß wir uns in 1854 m Höhe befinden. Bei klarem Wetter ergibt sich ein wundervoller Ausblick in die Caldera. Wer ein wenig Kletterei nicht scheut, kann in westlicher Richtung auf dem Felsgrat noch etwa 100 m weiterlaufen, bis zu einem geodätischen Punkt, der durch eine niedrige weiße Säule gekennzeichnet ist. Hier hat man noch einmal einen neuen Ausblick, diesmal hinab in den Grund des Barranco de las Angustias.

Der Rückweg erfolgt zunächst wie der Hinweg. Sobald wir den Aussichtspunkt **Los Rodeos** passiert haben (3.10 Std.), wählen wir diesmal rechts den breiteren, gut ausgebauten Weg. Im weiteren Wegverlauf ist auch hier immer wieder Stricklava zu beobachten. Nach Umrunden einer Felskuppe zweigt links ein schmale-

Blick vom Pico Bejenado in die Caldera de

rer Pfad ab (3.20 Std.), den wir nicht beachten, sondern geradeaus auf dem Hauptweg weitergehen. Dieser entfernt sich nun vom Caldera-Rand und führt, mehrere sanfte Talmulden und flache Höhenrücken passierend, stetig abwärts. – An den feuchteren Stellen der Talgründe treibt neben den allgegenwärtigen Zistrosen der Kleinfrüchtige Affodill in den Wintermonaten hohe weiße Blütenstände.

Im unteren Verlauf weist eine Tafel auf **Petroglyphen** hin. Links zweigt ein Pfad ab und endet kurz

darauf an einem mit Ritzzeichnungen versehenen Stein, der von einem Schutzgitter umgeben ist. Man kehrt zum Hauptweg zurück, der sich wenig später zur Fahrspur erweitert. Diese führt geradewegs bergab und trifft auf eine breite **Forstpiste** (3.40 Std.), wo sich ein Abstecher zu den **Petroglyphen von Tamarahoya** anbietet. Dazu folgt man der Piste nach rechts und trifft nach 3.50 Std. in einer Kurve auf eine kleine, von Bruchsteinen begrenzte **Parkbucht**. Dort steigt man

links vom Fahrweg hinunter. Auf flachliegenden Steinplatten sind dort spiralförmige Ritzmuster der Ureinwohner zu erkennen.

Anschließend laufen wir auf der Piste zurück und halten uns auf dieser über die Einmündung unseres Abstiegs hinaus geradeaus. Wir passieren die Stelle, wo wir auf dem Hinweg steil aufwärts von der Hauptpiste abgebogen sind und gehen auf dem nun schon bekannten Fahrweg weiter bergab bis zum **Ausgangspunkt** (4.30 Std.).

Heiterer Kessel und enge Klamm

Durch die Caldera de Taburiente

Einen Höhepunkt stellt die Wanderung durch die Caldera dar. Highlights sind das wildromantische Bachbett der Playa de Taburiente, der markante Roque Idafe und schließlich die Schlucht der Todesängste.

DIE WANDERUNG IN KÜRZE

+++
Anspruch

5.30 Std.
Gehzeit

800 m
Abstieg

Charakter: Bequemer Waldweg, später steinige Pfade; einige Passagen führen durch geröllige Bachbetten und machen wiederholt Überquerungen von Rinnsalen auf rutschigen Steinen erforderlich.

Einkehrmöglichkeiten: Restaurant Balcón de Taburiente am Ausgang der Caldera (gute Tapas-Bar, Gartenterrasse)

Anfahrt: Mit dem Pkw: Im Zentrum von Los Llanos biegt man an einer Ampelkreuzung in die nordwärts verlaufende Avenida Dr. Fleming ein, eine breite Allee. Dieser folgt man bis zum Ende, dann rechts und gleich wieder links. Am Friedhof vorbei und über eine Kreuzung hinweg geradeaus durch eine Wohngegend bis zu einer T-förmigen Einmündung. Dort rechts abbiegen. Die Straße geht nun bald in eine (gut befahrbare) Piste über. Auf

dieser ca. 3 km bis zum Wanderparkplatz im Barranco de las Angustias. Dort warten täglich zwischen 9.30 und 13 Uhr geländegängige Fahrzeuge mit Fahrer, um Wanderer gegen Gebühr (ca. 9 € /Pers.) auf einer sehr holprigen Piste in ca. 45 Min. nach Los Brecitos bringen. **Mit dem Bus:** Vom Busbahnhof in Los Llanos zum Barranco de las Angustias zu Fuß etwa 1.15 Std. Man kann sich auch per Jeeptaxi von Los Llanos in die Caldera fahren lassen (Tel. 6 08 64 03 15 oder 9 22 46 27 40).

Übernachtung: Einfaches Campinggelände an der Playa de Taburiente. Für die zeitlich begrenzte Benutzung erteilt die Nationalparkverwaltung eine Genehmigung: El Paso, Centro de Visitantes, Carretera General s/n, Tel. 9 22 49 72 77, Fax 9 22 41 34 48.

Vom **Wendeplatz** am Pistenende in **Los Brecitos** folgen wir einem gut ausgebauten Fußweg sanft bergab. Wir orientieren uns nun bis zur Playa de Taburiente an der Beschilderung »Zona de Acampada«. Schmalere Wege oder Pfade, die rechts oder links abzweigen, beachten wir nicht.

Zunächst überquert man mehrere kleine Barrancos auf **Holzbrücken.** Während die ersten drei Bachbetten in der Regel ausgetrocknet sind, führt der vierte, der **Barranco del Ciempies,** ganzjährig Wasser, das von einer Felswand herunterstürzt. Eine Tafel weist auf den Beginn des Nationalparks hin (10 Min.). Nach 15 Gehminuten überschreitet man den **Barranco de las Cañeras.** Der Weg führt ohne nennenswerte Höhenunterschiede durch Kiefernwald. Man passiert den **Lomo de Tenerra,** einen Bergrücken, der bis in die heutige Zeit landwirtschaftlich genutzt wird. Der Bauernhof, der abseits des Wegs liegt, ist allerdings nicht mehr bewohnt.

Immer weiter öffnet sich nun vor uns das Halbrund der Caldera. Ein markanter Felsblock versperrt fast völlig den **Barranco de las Traves.** Er wird links umgangen. Auch dieser schattige Bachlauf führt zumeist Wasser. Anschließend queren wir den **Barranco de las Piedras Redondas.** Seinen Namen (Schlucht der abgerundeten Steine) trägt er zurecht. Hunderte von großen, unregelmäßig abgerundeten Felsbrocken türmen sich im Talgrund. Es handelt sich um Brekzien, also um verfestigtes Bergrutschmaterial, dessen Bruchstücke eckigkantig ausgebildet sind.

Vom **Mirador del Lomo del Tagasaste,** einem schön angelegten Aussichtsbalkon, ergibt sich erstmals ein reizvoller Blick in die Abgründe der Caldera (40 Min.). Gegenüber sieht man bereits den Roque de Idafe, die auffälligste Felsformation der Caldera, an der der Wanderweg im weiteren Verlauf noch vorbeiführen wird. Zunächst geht es jedoch in Serpentinen steiler abwärts. 5 Min. später passieren wir die **Fuente de la Mula,** eine ganzjährig sprudelnde Quelle, die dicht von Seggen und Drüsen-Wasserdost umstanden ist. Bei letzterem handelt es sich um ein recht unscheinbares, bis zu 1 m hohes Kraut, das aus Zentralamerika eingeschleppt wurde und heute fester Bestandteil der wildwachsenden Kanarenflora ist.

Wir kommen an einer **Höhle** vorbei (50 Min.), die zu einem Ziegenstall ausgebaut wurde. Gleich darauf bietet sich zur Rechten ein schöner Ausblick auf den Bergsattel der Cumbrecita (s. Tour 11). Im flachen, geröllübersäten Talgrund des **Barranco de Risco Liso** überschreitet man eine weitere Holzbrücke. Dann geht es durch den ausgetrockneten Talgrund des **Barranco Bombas de Agua** und auf der gegenüberliegenden Seite auf dem hier besonders weichen, von Nadelstreu bedeckten Weg weiter. Links erheben sich mächtige Exemplare der Kanarischen Kiefer, rechts blickt man in den einer alpinen Klamm gleichenden Barranco. Er hat sich tief in einen Schuttfächer eingeschnitten, d. h. in eine Masse von locker gelagerten Gesteinsbrocken in verschiedensten Größen, die von den Felswänden der Caldera-Umrandung abgewittert sind und sich am Fuß dieser Berghänge abgelagert haben.

Bald erblickt man auch den breiteren Talgrund des Río Taburiente, in den der ganzjährig wasserführende Barranco Bombas de Agua mündet. Wir passieren eine Gruppe von Opuntien: aus Mexiko stammende Kakteen, die hier in der Caldera verwildert sind. Kurz darauf passieren wir einen **mächtigen Felsblock.** Nun geht es hinab in den **Barranco de Taburiente.** Noch im Kiefernwald,

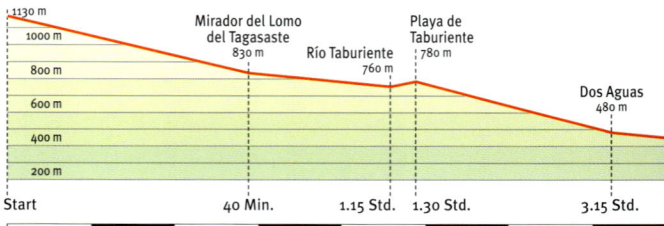

gleich zu Beginn des Talgrunds, zweigt an einer Informationstafel der Nationalparkverwaltung ein breiter Weg links ab. Hier halten wir uns geradeaus, immer noch der Beschilderung »Zona de Acampada« folgend. Gleich darauf weist eine Tafel auf die Playa de Taburiente hin.

Der von Kantensteinen gesäumte Weg führt aus dem Kiefernwald heraus. Man steht ganz unvermittelt am Bachbett des **Río Taburiente,** (1.15 Std.) durch das zu allen Jahreszeiten Wasser fließt. Die Überquerung auf großen, abgerundeten Steinen ist nicht ganz einfach. Auf der gegenüberliegenden Seite erwartet den Wanderer übermannshohes Weidegebüsch. Sofern man hier nicht eine Pause einzulegen gedenkt und den wunderbaren Ausblick auf die hohen Felswände genießen möchte, die den oberen Talbereich einschließen, hält man sich nun rechts und folgt einer deutlichen Trittspur durch eine Lücke im Gebüsch. Dort gelangt man zu weiteren, je nach Jahreszeit mehr oder weniger mit Wasser gefüllten Armen des Bachs, die ebenfalls überquert werden. Dann geht es geradeaus ein paar Schritte hinauf zum **Campinggelände der Playa de Taburiente** (1.30 Std.). Tische und Bänke laden dort zur Rast ein.

Der weitere Weg ist dank der guten Beschilderung ebenfalls nicht zu verfehlen. Wir folgen von nun an den Wegweisern Richtung »Barranco de las Angustias« (Schlucht der Todesängste). Genau gegenüber vom Eingang zum Campingplatz verläuft der Pfad rechts bergauf. Dort befindet sich die Baustelle des neuen »Centro de Servicios de Taburiente« das – harmonisch in die Landschaft eingefügt – neben sanitären Einrichtungen auch einen **Informationsposten** vorsieht. Der Weg hält sich zunächst hoch oberhalb des Río Taburiente und führt dann über einen Sattel (1.45 Std.) hinab in den **Barranco Almendro Amargo.**

Hier ist auch wieder der Roque de Idafe zu sehen. An einem sonnenbeschienenen Hang geht es auf einem schmalen Pfad kaum merklich abwärts. Wir passieren eine Felsnase, die **Sumada de El Palo.** Dann wird der Abstieg steiler und anstrengender. In immer enger werdenden Serpentinen windet sich der streckenweise recht ausgewaschene Weg bergab.

Immer näher rückt das Bachbett, zu dem wir aber nicht ganz hinuntersteigen, sondern uns auf dem Weg etwas oberhalb halten. Diese Stelle nennt sich **Cuesta del Reventón** (2.30 Std.). Beim Aufstieg in die Caldera ruhten sich die Hirten und Holzsammler früher an diesem vorübergehend etwas flacheren Wegstück aus, bevor sie ihre letzten Kräfte mobilisierten, um den folgenden Steilanstieg anzugehen.

Gleich darauf erblickt man links unten eine verfallene **alte Staumauer.** Hinter einigen engen Serpentinen zweigt zur Linken ein Pfad zum Bachbett ab, den man nicht beachtet.

An einer **Gabelung** (2.40 Std.) können wir wahlweise rechts oder links gehen. Die Beschilderung weist in beiden Fällen zum Barranco de las

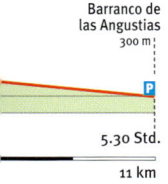

Barranco de
las Angustias
300 m

5.30 Std.

11 km

Angustias. Bei dem oberen Weg handelt es sich um die Normalroute, während der untere ein wenig schmaler und nur für schwindelfreie Wanderer geeignet ist. Dafür gewinnt man schöne Einblicke in die Schlucht des Barranco Almendro Amargo. 10 Min. später treffen die beiden Pfade wieder zusammen. Auf einem sehr steinigen Wegabschnitt halten wir uns weiter talabwärts, zur Linken eine enge Klamm. In einer s-förmigen Kurve ergibt sich noch einmal ein schöner Ausblick auf den Roque de Idafe. Hier mündet der durch Eisenoxide kräftig ockergelb gefärbte **Barranco del Limonero** in den **Barranco Almendro Amargo.**

Kurz darauf erreicht man die Stelle, an der die erste christliche Messe auf La Palma gelesen wurde. Der von Mauern eingefaßte, zu einer Art Altar ausgebaute Platz ist an einem weißen Kreuz zu erkennen. Immer wieder werden hier Kiefernzweige als Opfer dargebracht (s. u.). An dieser Stelle verläßt man das Gelände des Nationalparks, um kurz darauf im geröllübersäten Talgrund zu stehen.

Wer absolut trittsicher ist, kann talaufwärts einen **Abstecher** in den Barranco del Limonero unternehmen. In dem sehr engen und nur schwer zu passierenden Bachbett erreicht man nach etwa einer halben Stunde die Cascada Colorada (farbiger Wasserfall). Dahinter beginnt eine spezielle Schutzzone des Nationalparks, die nicht betreten werden darf!)

Der Hauptweg führt talabwärts, nun stets dem Bachbett folgend. Dieses muß, je nach Wasserführung, mehrfach überquert werden. Besonders schwierig ist die Überwindung des **Río Taburiente,** der beim **Wasserwerk Dos Aguas** in den Barranco

Almendro Amargo mündet (3.15 Std.). Das Wasserwerk lassen wir links liegen und laufen am rechten Talrand des Barranco de las Angustias weiter talabwärts. Die Wegführung ist hier etwas unübersichtlich. Am besten hält man sich genau entlang der Hangkante, wo man sich bald etwa 10 m über dem Bachbett befindet. Es ist nun deutlich zu erkennen, daß das Wasser der Caldera unterhalb von Dos Aguas in eine abgedeckte Kanalleitung geführt wird.

5 Min. später gehen wir ins **Bachbett** hinunter, dort, wo auf der anderen Talseite die Ruine eines winzigen Hauses steht, umgeben von ein paar aufgelassenen Feldern. Das Haus wurde originellerweise unter einen riesigen Felsblock gebaut. Wir folgen dem Bachbett weiter talabwärts. Ein Pfad, der 10 Min. später nach links abzweigt (an dieser Stelle steht ein **weißes Schild),** bleibt unbeachtet. Steile Felswände aus Grünstein begleiten den Talgrund. Dabei handelt es sich um durch Verwitterung zersetzte, sogenannte Kissenlava, die bei untermeerischen Vulkanausbrüche entstand und später durch tektonische Kräfte über die Ozeanoberfläche gehoben wurde.

Nachdem man eine **Wasserrohrleitung** passiert hat, die das Tal überspannt (3.45 Std.), weitet sich das Bachbett vorübergehend. Hier zweigt zur Linken, durch undeutliche Steinmännchen markiert, ein felsiger Pfad ab, auf dem man eine längere Engstelle des Barrancos umgehen kann. (Dies ist – ebenso wie im weiteren Verlauf bei noch folgenden Engstellen – je nach Wasserführung des Bachs nicht unbedingt erforderlich.)

Wählen wir die Umgehung, so berührt sie nach einigen Minuten beinahe wieder das Bachbett. Wir dürfen hier aber nicht zum Wasserlauf

Die Playa de Taburiente

hinuntergehen, sondern halten uns links und entfernen uns wiederum vom Talgrund. (Achtung: Der Weg ist hier sehr schlecht zu erkennen!) Wir passieren ein Hinweisschild, das uns diese Gegend als **La Rosera** kennzeichnet. Der schmale Pfad windet sich über einen steinigen Schuttfächer. Immer wieder besteht die Gefahr, daß man zu früh ins Bachbett hinuntersteigt. Steinmännchen helfen ein wenig bei der Orientierung. 10 Min. später führt der Pfad vor einer steil aufragenden Felswand zurück ins Bachbett.

Man folgt wieder dem Wasserlauf, der von schräggestellten Grünsteinschichten gesäumt wird. Nach weiteren etwa 3 Min. liegt inmitten des Talgrunds ein großer, rundlicher, **rötlich gefärbter Felsen.** Ein Pfad, der hier steil hinauf nach rechts abzweigt und durch ein Tor versperrt ist, bleibt unbeachtet. Stattdessen steigt man noch vor dem roten Felsen links aufwärts, in eine Scharte

der Felswand hinein, die mit einem Steinmännchen gekennzeichnet ist. Ein paar Meter weiter steht ein **Schild,** das den weiteren Weg aus dem Barranco de las Angustias herausweist. Gleich darauf hält man sich an einer Gabelung rechts.

Wiederum geht es über einen von üppiger Vegetation überwucherten **Schuttfächer.** Nach 4.15 Std. queren wir das Bachbett und steigen einige Meter talaufwärts auf einem schon von weitem durch ein Schild kenntlichen, zu Beginn gepflasterten Weg auf der rechten Talseite. Bald befinden wir uns schon wieder hoch über dem Talgrund. In einer Talschlinge erblicken wir tief unter uns ein weiteres Wasserwerk und eine Staumauer. Wir passieren eine schmale Schlucht und gehen kurz darauf an einer **Hütte** vorbei (4.30 Std.). Die Anhöhe, auf der sie sich erhebt, heißt **Morro de la Era.**

5 Min. später passiert man einen offenen Wasserkanal. Danach geht

es in Serpentinen abwärts zum Talgrund. Dort wandert man unter einer hohen, geschwungenen Brücke hindurch, über die der Kanal geleitet wird, und geht kurz darauf links an ein paar Felsen vorbei, die das Bachbett versperren.

Nach 4.45 Std. gilt es, auf einen mit »Barranco de las Angustias« beschilderten Pfad zu achten, der zur Linken den Talgrund verläßt. Die Stelle ist durch Weidenbüsche kenntlich, die hier direkt am Talrand wachsen. Wiederum umgeht man eine Engstelle der Schlucht. Achtung: Diese Umgehung sollte auf jeden Fall genutzt werden, da das Bachbett an dieser Stelle unpassierbar ist! Ein Weg, der kurz darauf von links einmündet, bleibt unbeachtet. Der Pfad verläuft erst hangparallel hoch über dem Talgrund, dann in Serpentinen zurück zum Bachbett, das man 10 Min. später abermals quert.

Direkt gegenüber geht es bergauf. Der kurze, steile Anstieg ist gepflastert, nicht als Erleichterung für die Wanderer, sondern vielmehr für die Maultiere, die ab und zu Lasten über diesen Weg tragen. In einiger Höhe über dem Talgrund queren wir den mit üppiger Vegetation bewachsenen **Barranco de El Fraile**, ein winziges Seitental. Wenig später treffen wir auf einen breiteren Weg (5 Std.), wenden uns nach links und erreichen kurz darauf wieder den Grund des Haupttals. Im Geröllbett geht es weiter talabwärts. Wir laufen kurz hintereinander unter **zwei Aquädukten** hindurch und stehen dann auf der Piste, die von Los Llanos nach Los Brecitos führt. Auf dieser wenden wir uns nach links und erreichen nach 5.30 Std. den **Wanderparkplatz im Barranco de las Angustias**, wo wir am Morgen mit dem Geländewagen gestartet sind.

Einstürzende Vulkandome, standhafte Felsen und andere Geschichten

Im Norden La Palmas soll einst ein Vulkandom 3500 m über die Meeresoberfläche hinausgeragt haben. Übriggeblieben ist die Caldera de Taburiente, ein Krater von 7 km Durchmesser, dessen Rand »nur« noch um 2000 m hoch ist. Seine Entstehung erklärte man sich früher durch Einsturz eines riesigen Hohlraums im Inneren des Vulkankörpers. Diese »Caldera-Theorie« hat jedoch für La Palma keine Gültigkeit mehr. Offenbar entstand die Caldera de Taburiente durch rückschreitende Erosion von der Küste her (Barranco de las Angustias), da das Zentrum des ehemaligen Vulkandoms aus besonders weichen Gesteinsschichten (vulkanische Tuffe) aufgebaut war. Vereinzelt kam es am späteren Kessel zu weiteren Eruptionen. Reste der dabei aufgeworfenen Vulkankegel sind noch als *Roques* vorhanden. Markantester dieser steil aufragenden Felsen ist der Roque de Idafe.

Er wurde vom altkanarischen Stamm der Aceró, der die Caldera bewohnte, als heilig verehrt. Wenn ein Tier geschlachtet wurde, spielte sich immer ein feierliches Opferritual ab. Zwei Männer kletterten zum Fuß des fast unzugänglichen Felsens hinauf und brachten die Eingeweide des Tieres dar. »*Y iguida y iguan Idafe*« (Er sagt, daß Idafe fallen wird.), sang einer der beiden Männer und der andere antwortete: »*Que guerte yguan taro*« (Gib ihm das, was du bringst, und er wird nicht fallen.). Offenbar handelte es sich um einen Fruchtbarkeitskult, worauf die phallische Gestalt des Felsens hindeutet.

Als die spanischen Eroberer am 29. September 1492 auf La Palma landeten, unterwarfen sich die meisten Ureinwohner oder ergaben sich nach geringfügigem Widerstand. Nur Häuptling Tanausú vom Stamm der Aceró verschanzte sich mit seinen Leuten in der Caldera de Taburiente. Die beiden Zugänge waren leicht zu verteidigen: Im engen Barranco de las Angustias sprudelte damals ein reißender Gebirgsbach, und zum Bergsattel der Cumbrecita führte lediglich ein halsbrecherischer Pfad. Nach monatelanger Belagerung griff der Conquistador Alfonso Fernández de Lugo zu einem Täuschungsmanöver. Er bot Tanausú Verhandlungen an und sicherte ihm freies Geleit zu. Die Ureinwohner gingen darauf ein und wurden im Frühjahr 1493 nahe der Cumbrecita von den Spaniern überrumpelt und gefangengenommen. Häuptling Tanausú schiffte man sofort nach Sevilla ein, um ihn der Königin vorzuführen. Doch nahm er keinerlei Nahrung mehr zu sich und starb noch während der Überfahrt.

Nachdem nun die Eroberung La Palmas abgeschlossen war, ließ Fernández de Lugo in der Caldera de Taburiente eine erste christliche Messe lesen und verteilte dann das Land. Seinen Neffen Juan bedachte er mit den besonders wertvollen Ländereien im unteren Aridane-Tal und mit den Wasserrechten der Caldera, wo zahlreiche Quellen sprudeln. Juan de Lugo fehlten allerdings sowohl das Interesse als auch das Kapital, um Zuckerrohr anzubauen, wie es ihm zur Auflage gemacht worden war. So gingen Land und Wasser schon wenige Jahre später in die Hand des Kaufmanns Jakob Grünenberg aus Köln über, der im Zuckerhandel zwischen den Kanarischen Inseln und Antwerpen engagiert war. Jácomo de Monteverde, wie er sich nun nannte, machte mit Zuckerrohr

ein immenses Vermögen. Nach seinem Tod wurden seinen Kindern 1557 die Ländereien und Wasserrechte zwar vom königlichen Gerichtshof zugesprochen, doch wollte sich der Inselrat von La Palma nicht damit abfinden, daß die Wasserrechte in der Hand von Ausländern verblieben. Fast 400 Jahre währte daraufhin der wohl längste Rechtsstreit der Geschichte, in dem 1954 schließlich die mittlerweile auf etwa 2000 Personen angewachsene Erbengemeinschaft siegte. Sie bekam das Recht auf die Wassernutzung in der Caldera de Taburiente gerichtlich zugesprochen. Daraufhin erklärte die Regierung in Madrid das Gebiet zum Nationalpark, um die einzigartige Landschaft vor Zerstörung durch Privatinteressen zu bewahren.

Im Parque Nacional Caldera de Taburiente steht einer der schönsten Kiefernwälder der Kanaren unter Schutz. Der Park wurde 1981 auf die heutige Fläche von 4690 ha erweitert und ist von einer großzügigen Peripheriezone umgeben, in der die Nutzung eingeschränkt ist. Noch gibt es allerdings Probleme genug. In den 1970er Jahren siedelte die Forstverwaltung – der Jagdlobby zuliebe – das mit dem Steinbock verwandte, aus Nordafrika stammende Mähnenschaf (span. *arruî*) auf La Palma an. Jedes Jahr wird ein Teil der Tiere gegen hohe Gebühr zum Abschuß freigegeben. Mähnenschafe, von denen nach neuesten Zählungen rund 270 im und um den Nationalpark leben, richten an der Vegetation schwerwiegende Schäden durch Verbiß an. Ein im Jahr 2000 aufgelegtes Programm der Nationalparkbehörde, mit dem der Bestand in Grenzen gehalten werden soll, rief heftige Proteste des 650 Mitglieder zählenden Jägerverbandes von La Palma hervor.

Tour 15

Durch Bananenplantagen

Von Los Llanos nach Puerto de Tazacorte

Eine lohnende Alternative für Tage, an denen die Berge wolkenverhangen sind, ist dieser Rundweg. Es geht zunächst nach Tazacorte, wo man die Atmosphäre eines typischen Landstädtchens schnuppern kann, dann zum Hafen des Ortes mit seinen Stränden und Fischlokalen.

DIE WANDERUNG IN KÜRZE

+
Anspruch

3.30 Std.
Gehzeit

350 m
An-/Abstieg

Charakter: Wenig befahrene Nebenstraßen und Pisten, teilweise auch schmalere Feldwege

Einkehrmöglichkeiten: Zahlreiche Bars und Restaurants in Los Llanos und Puerto de Tazacorte, mehrere Bars in Tazacorte

Anfahrt: Mit dem Pkw: In Los Llanos fährt man auf der Haupt-Durchgangsstraße durch den Ort und biegt am Westrand des Zentrums in die Calle Ramón Pol ein, die in nördlicher Richtung an der Markthalle vorbei zum zentralen Busbahnhof der Stadt führt. Dort gibt es gebührenfreie Parkmög-

lichkeiten. **Mit dem Bus:** Der Busbahnhof von Los Llanos in der Calle Ramón Pol 3 ist Dreh- und Angelpunkt des Linienbusnetzes im Westteil von La Palma. Es gibt Verbindungen nach El Paso (Linie 1, ca. halbstündlich bis stündlich), Santa Cruz (Linie 1, ca. alle 1–2 Std.), Tazacorte (Linie 2, ca. stündlich), Puerto Naos (Linie 4, ca. halbstündlich bis stündlich), Fuencaliente (Linie 3, ca. 2–6x tägl.) und Puntagorda/Santo Domingo de Garafía (Linie 5, 2–7x tägl.).

Öffnungszeiten: Markthalle Los Llanos Mo-Fr 6–14, Sa 6–16 Uhr.

Ausgangspunkt ist der **Busbahnhof von Los Llanos** in der Calle Ramón Pol 3. Wir wenden uns, aus dem Busbahnhof kommend, rechts Richtung Stadtzentrum und sehen hinter der nächsten Kreuzung linker Hand die städtische Markthalle. An dieser vorbei, treffen wir an einer weiteren Kreuzung auf die Hauptstraße, auf der wir rechts gehen. Nach 5 Min. ist das **Restaurant Salta Si Puedes** erreicht. Hier zweigen wir links ab in eine Seitenstraße, wo »Montaña Tenisca« und »Las Rosas« ausgeschildert sind. Bald erblicken wir rechts voraus die Montaña Triana (359 m), einen dunklen, mit schütterem Gebüsch bewachsenen Vulkankegel. Ein weiterer Vulkan, die 326 m hohe Montaña de Argual, erhebt sich rechts von uns in einiger Entfernung hinter ausgedehnten Bananenplantagen.

Wir laufen stets geradeaus, passieren einen **großen Wasserbehälter** und gelangen nach 20 Min. an die T-förmige Einmündung in eine weitere Straße. Diese überqueren wir und laufen geradeaus auf einer Piste zwischen Bananenpflanzungen weiter.

Wir erreichen **einige Häuser** (25 Min.), bei denen die Piste rechts abknickt. Linker Hand die Häuser, rechter Hand ein Bananenfeld halten wir auf eine große Kiefer zu, hinter der es im Bogen nun wieder nach links geht. Bald darauf zweigt links ein Feldweg in einen flachen Talgrund hinab ab, den wir nicht beachten. Wenige Meter weiter stehen wir an einer Gabelung, wo wir links gehen. Wir laufen nun am Hangfuß der Montaña Triana, die sich rechts von uns erhebt. Einen weiteren Feldweg, der gegenüber von einer Sandgrube in den Talgrund hinab abzweigt, ignorieren wir und wandern geradeaus weiter, an einer hohen **Bruchsteinmauer** entlang.

Wir gehen im Bogen um den **Vulkankegel** herum und treffen nach 30 Min. vor einer Betonmauer auf eine geschotterte Piste, der wir abwärts folgen, auf ein Wasserbecken zuhaltend. Gleich darauf laufen wir an einer Pistenkreuzung geradeaus

Bananenplantage bei Tazacorte

weiter. Die Piste geht jetzt in einen asphaltierten Fahrweg über, dem wir weiter geradeaus folgen. Er knickt 5 Min. später nach links ab und endet dann bald. Geradeaus wandern wir auf einem Fußweg weiter, an einem Haus vorbei und dann durch eine **Bananenplantage.** Wir gelangen zu weiteren Häusern und bald darauf an eine **Straße** (50 Min.), auf der wir uns rechts wenden.

Bananenplantagen, die sich hinter hohen Windschutzmauern verstecken, säumen von nun an unseren Weg. Wir laufen stets geradeaus und ignorieren Abzweigungen nach rechts oder links. Nach 1.10 Std. queren wir eine stark befahrene Landstraße und gehen wiederum geradeaus weiter, nun auf einer Betonstraße.

Kurz darauf erreichen wir den Ortsrand von **Tazacorte.** Es folgt ein äußerst steiler Abstieg bis zu einer Kreuzung. Auch hier gehen wir geradeaus. Nach 1.15 Std. stehen wir schließlich auf dem schattigen Platz neben der **Kirche** von Tazacorte, wo wir unter der blütenumrankten, mit bunten Fliesen geschmückten Pergola eine Rast einlegen können. Die Kirche lohnt einen kurzen Besuch. Sie ist dem hl. Michael geweiht und wurde vielleicht schon 1492 gegründet, noch bevor La Palma endgültig von den Spaniern erobert war. Aus dieser Zeit stammt noch die hölzerne Skulptur des Erzengels auf dem Hauptaltar, die ihn mit dem Teufel zeigt.

Vom Vorplatz der Kirche steigen wir dann die Treppe zur Hauptstraße hinab und wenden uns rechts, wo wir auf die kleinere **Plaza de Simón Guadalupe** mit einem fliesengeschmückten Wasserbecken treffen. Wir gehen diagonal über die Plaza hinweg und verlassen sie an ihrem hinteren Ende, ein Bananenfeld zur Linken, auf einem Betonweg. Dieser geht sogleich in einen Fußweg über, der einem mit Betonplatten abgedeckten Wasserkanal durch Bananenplantagen folgt. Neben einem Bauernhaus passieren wir eine offenstehende Pforte und überqueren dann einen Barranco auf einer **schmalen Brücke,** die, obwohl nach beiden Seiten durch Geländer gesichert, eine gewisse Schwindelfreiheit abverlangt. Wem die Brücke zu abenteuerlich erscheint, der kehrt zurück zur Hauptstraße und läuft auf dieser abwärts bis zur Villa Carmen (s. u.). Ansonsten folgen wir auf der anderen Talseite weiter dem Fußweg, der nun von zwei dicken Wasserrohren begleitet wird.

Nach 1.30 Std. führt eine **Steintreppe** abwärts in eine Bananenplantage. Wir beachten sie nicht. Der Weg entlang der Wasserrohrleitung verengt sich von hier an zum schmalen Pfad, der aber weiterhin gut begehbar ist. Etwa nach 30 m, von der Treppe an gerechnet, zweigt links ein steiler Pflasterweg ab, den wir ebenfalls ignorieren. Schließlich kommen wir an einen **Schuppen** (1.15 Std.), wo links im spitzen Winkel, einer schmaleren Rohrleitung folgend, ein Weg abzweigt, den wir einschlagen. Gleich darauf sehen wir im Grund des Barrancos in einer Straßenkurve ein großes verschachteltes Haus, an dem wir später vorbeikommen werden, die Villa Carmen.

In den Talgrund gilt es nun hinabzusteigen. Dies geschieht in engen Serpentinen, die zum Abhang hin mit Mauern abgestützt sind. Nach 1.40 Std. queren wir das Bachbett und laufen geradeaus auf einem Feldweg weiter. Zwei Minuten später ist bei der **Villa Carmen** die Hauptstraße von Tazacorte nach Puerto de Tazacorte erreicht. Ihr folgen wir weiter abwärts, was uns ein breiter Bürgersteig spürbar erleichtert. Vor uns sehen wir schon das zu einer Bushaltestelle gehörende Wartehäuschen, gleich dahinter biegen wir rechts in eine schmale Nebenstraße ein (1.50 Std.). Sie führt uns wiederum in den Talgrund des Barrancos und endet dort.

Wir wenden uns auf einem Fahrweg links und folgen dem Bachbett abwärts. Zu unserer Rechten befinden sich mehrere **Fincas,** deren Eingangstore versperrt sind. Auch dieser Weg endet bald. Durch das ausgetrocknete Bachbett laufen wir weiter abwärts. Dieses führt uns direkt zur Küstenstraße von **Puerto de Tazacorte,** die wir beim **Restaurant La Goleta** erreichen. Unmittelbar links befindet sich auf der gegenüberliegenden Straßenseite die Zufahrt zum **Hafen.** Im Bereich des Hafengeländes findet man, wenn man an der Bar Varadero vorbei das Werftgelände quert, einen winzigen Strand mit schattiger Pergola und Kiosk. Hier kann man eine Badepause einlegen, bevor man dann vom

Restaurant La Goleta der Küstenstraße, den kiesigen und zum Baden recht gefährlichen Hauptstrand des Ortes linker Hand lassend, bis ins **Zentrum** von **Puerto de Tazacorte** läuft (2 Std.). Die Uferpromenade verläuft dort hinter der Baustelle eines Meeresschwimmbeckens. (Hier findet man vor der Casa del Mar die Bushaltestelle, falls man sich den Aufstieg nach Los Llanos ersparen möchte. Linie 2 verkehrt von hier etwa stündlich nach Los Llanos.)

Wir folgen nun der Straße Richtung Tijarafe aufwärts, die in den Barranco de las Angustias hineinführt, passieren ein Fußballfeld und kommen an einigen auffällig bunt angestrichenen Wohnblöcken vorbei. Am **Ortsausgang** befindet sich rechter Hand eine **Bar.** Etwa 50 m weiter biegen wir rechts in eine Piste ein, die zunächst eine Bauschutthalde und dann das in der Regel ausgetrocknete Bett des Barrancos quert (2.10 Std.).

Auf der gegenüberliegenden Seite treffen wir auf Abzweigungen, die zu Bananenplantagen führen. Wir beachten sie nicht, sondern gehen geradeaus weiter bis zu einem **Transformatorenhaus** (2.15 Std.), wo der Fahrweg endet. Dort biegen wir rechts in einen Fußweg ein, der uns in eine Bananenpflanzung leitet. Wir befinden uns nun auf Privatgelände. Der Durchgang ist gestattet, doch entsprechende Rücksichtnahme ist angebracht. Es geht auf einer Mauer oberhalb des Bananenfeldes entlang. Der Weg führt an einem Schuppen links vorbei und steigt dann an. Bald begleitet zur Linken eine hohe Natursteinmauer den Weg, darüber verlaufen zwei dicke Wasserrohre. Rechts sehen wir ein Haus. An dieser Stelle biegen wir links aufwärts in einen

Fahrweg ein. Auf ihm erreichen wir die **Hauptstraße** (2.30 Std.), auf der wir uns rechts wenden. Wir folgen ihr durch eine Linkskurve aufwärts bis zu einem **großen Wasserbecken,** hinter dem wir rechts in einen steil aufwärts führenden Feldweg einbiegen. Dieser endet kurz darauf.

Wir gehen nicht bis zum Ende des Feldwegs, sondern finden schon an seinem Beginn linker Hand einen steilen Trampelpfad. Auf diesem gelangen wir bald darauf wiederum an die Straße (2.50 Std.), auf der wir etwa 30 m links gehen, um dort den Einstieg in einen gepflasterten alten Karrenweg zu finden, der mit Camino Las Angustias ausgeschildert ist. Fünf Minuten später, oberhalb eines Wasserbeckens, gabelt sich der Weg. Wir gehen rechts auf dem gepflasterten Karrenweg weiter. Bald sehen wir voraus am oberen Rand des Taleinschnitts die ersten Häuser von Argual, einem Stadtteil von Los Llanos. Der Pflasterweg mündet nach 3 Std. in einen asphaltierten Fahrweg, auf dem wir rechts aufwärts weitergehen. Im Scheitelpunkt der nächsten Linkskurve zweigt ein Feldweg ab, den wir nicht beachten. Fünf Minuten später stehen wir bei den Häusern und gehen hier auf der Straße weiter aufwärts. Sie mündet in die **Calle Velázquez,** auf der wir uns rechts wenden. An einer Gabelung bei einem großen Wasserbecken gehen wir rechts und erreichen wenig später den **zentralen Platz** von **Argual** (3.15 Std.).

Auf der von hohen Indischen Lorbeerbäumen beschatteten Plaza lohnt es sich, eine Pause einzulegen, bevor man dann der Hauptstraße aufwärts Richtung Los Llanos folgt. Wir benötigen noch etwa 10 Gehminuten, bis wir bei einer Ampelanlage auf eine große Kreuzung treffen.

Dort gehen wir links und finden gleich auf der rechten Seite die **Markthalle** von Los Llanos. Wenn wir nun der Straße an der Markthalle vorbei (Calle Ramón Pol) weiter folgen, gelangen wir kurz darauf zum **Busbahnhof** von Los Llanos (3.30 Std.).

Bananen

Die erste Bananenplantage La Palmas entstand 1896 in Los Sauces im Nordosten der Insel. Sie war nur 100 qm groß. Schon im selben Jahr folgten weitere Pflanzungen. Handelshäuser aus Großbritannien pachteten riesigen Grundbesitz vor allem im klimatisch begünstigten Aridane-Tal, der mit Hilfe von langen, schmalen Kanälen, durch das Wasser der Caldera de Taburiente bewässert werden konnte, und pflanzten Bananen. Sie waren es auch, die vorwiegend ihr Mutterland mit den Früchten belieferten. Rückschläge gab es allerdings schon bald durch die Weltkriege und die Weltwirtschaftskrise. Als in den 50er Jahren in größerem Ausmaß Bananen aus den lateinamerikanischen Ländern nach Europa importiert wurden, zogen sich die britischen Firmen zurück. Heute befindet sich ein Großteil des Bananenlandes in der Hand kleiner und mittelgroßer einheimischer Unternehmer. Der Anbau wird immer unrentabler, woran auch hohe Subventionen der EU nicht viel ändern. Um international wettbewerbsfähig zu sein, ersetzen immer mehr Landwirte die dünnschalige, fleckige Zwergbanane durch die größere, feste Sorte »Giant Cavendish«, welche jedoch nur unter riesigen Plastikplanen gedeiht. Diese prägen mehr und mehr das Landschaftsbild zwischen Los Llanos und Tazacorte.

Steile Felsküste

Von Puerto de Tazacorte zum Mirador del Time

Für diesen Weg sollte man, um mildes Licht zu haben und die größte Tageshitze zu vermeiden, den späten Nachmittag reservieren. Steil geht es auf altem Saumpfad zu einem markanten Aussichtspunkt hinauf.

DIE WANDERUNG IN KÜRZE

++
Anspruch

2 Std.
Gehzeit

550 m
An-/Abstieg

Charakter: Steiler Auf- und Abstieg auf einem gepflasterten Saumpfad, der teilweise ein wenig Schwindelfreiheit abverlangt, später auf Feldwegen

Einkehrmöglichkeiten: Mehrere Bars und Restaurants in Puerto de Tazacorte; Café Mirador El Time am Mirador del Time

Anfahrt: Mit dem Pkw: Von Los Llanos in Richtung Puntagorda. Im Talgrund des Barranco de las Angustias zweigt in südwestlicher Richtung eine Nebenstraße Richtung Puerto de Tazacorte ab. Auch von Tazacorte führt eine Straße nach Puerto de Tazacorte. **Mit dem Bus:** Linie 2 von Los Llanos, ca. stündlich.

Ausgangspunkt ist die **Uferstraße** von **Puerto de Tazacorte,** wo wir uns von der Baustelle des Meeresschwimmbeckens am Strand entlang in nördlicher Richtung halten. Zwischen den Restaurants **El Trebol** und **Kiosco Teneguía** schlagen wir einen Betonweg aufwärts ein, der hinter den Häusern in einen breiten Pflasterweg übergeht. Dieser setzt sich als schmalerer Fußweg fort und passiert zunächst einige Terrassenfelder, auf denen Bananen gedeihen.

Dann geht es in Serpentinen einen steilen Hang hinauf, an dem Wolfsmilchbüsche und andere trockenheitsliebende Pflanzenarten wachsen. Wir folgen dabei stets dem einstmals sorgfältig angelegten **Pflasterweg,** der seitlich fast durchgängig mit einer Stützmauer versehen

ist, und ignorieren hier und da abzweigende schmalere Pfade. Es ergeben sich bald immer grandiosere Ausblicke auf den uns zu Füßen liegenden Ort Puerto de Tazacorte und die angrenzende Westküste. Später blickt man bis zur meist wolkenverhüllten Cumbre Nueva und der südlich benachbarten Cumbre Vieja.

Auf dem letzten Teilstück nähert sich der Weg immer wieder dem nahezu senkrecht abfallenden Küstenabhang. Er ist jedoch breit genug, so daß Schwindelgefühle vermieden werden können, wenn man sich möglichst weit rechts hält. Nach 40 Min. ist der Steilanstieg bewältigt. Wir finden hier ein **Wegkreuz** und können noch einmal das Küstenpanorama genießen, bevor es dann an der oberen Hangkante des Barranco de las Angustias landeinwärts geht. Fünf Minuten später stehen wir an einer **verlassenen Bananen-Lagerhalle,** an der eine Straße beginnt. Wir biegen jedoch schon nach etwa 20 m rechts in einen betonierten Fahrweg ein.

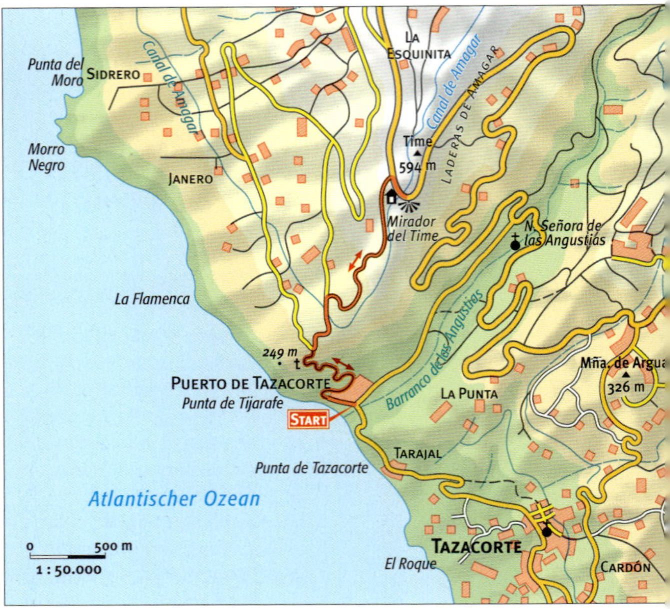

An einer hohen Mauer, die sich unmittelbar neben dem Weg erhebt, finden wir hier eine kreisförmige Markierung und einen Pfeil, der in unsere Wanderrichtung weist. Zwischen der Mauer und der Lagerhalle setzt sich der **alte Pflasterweg** fort. Schon bald stehen wir wieder an der Straße, auf der wir nun rechts aufwärts gehen. Prächtige Villen, die zumeist Ausländern als Zweitwohnsitz dienen, säumen die Route. Nachdem eine Toreinfahrt mit der **Hausnummer 13** (50 Min.) passiert ist, gilt es, etwa 100 m weiter auf der rechten Seite vor einer hohen Bruchsteinmauer auf eine Abzweigung zu

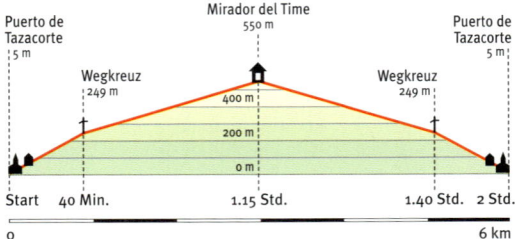

achten. Auch hier weisen wieder eine kreisförmige Markierung und ein Pfeil den Weg.

Gegenüber von zwei **kreisrunden Wassertanks** geht es einen steilen asphaltierten Fahrweg hinauf, der bald nach rechts abbiegt. Hier laufen wir geradeaus auf einem steil ansteigenden Feldweg weiter. Hinter den mit einer Plastikplane abgedeckten Feldern einer **Bananenplantage** (1 Std.) zweigt rechts ein mit »Privat« gekennzeichneter Fahrweg ab, den wir nicht beachten. Wir folgen hier wieder der **kreisförmigen weißen Markierung** geradeaus.

Etwa 30 m oberhalb einer Betonmauer teilt sich der Weg in zwei Spuren. Wir wählen die rechte und halten auf ein altes Haus mit dunklen Natursteinmauern zu. Der Weg verläuft, nachdem er vorübergehend etwas undeutlich war, nun wieder als deutlich erkennbare Fahrspur unter-

halb des Hauses etwa hangparallel in südlicher Richtung. Bald stehen wir erneut oberhalb des Steilabfalls zum Barranco de las Angustias und blicken hinab auf den Ort Tazacorte, der von riesigen Bananenplantagen umgeben ist. Der Weg steigt nun wieder steil an und geht in einen asphaltierten Fahrweg über, auf dem wir uns weiterhin aufwärts halten. Vor uns sehen wir auf einem Felsvorsprung einen Sendemast. Diesen lassen wir rechts liegen und halten auf eine Gruppe von mehreren **Sendemasten** zu, die voraus in einiger Entfernung stehen. Kurz vor Erreichen der Masten ignorieren wir einen links abzweigenden Feldweg. Nach 1.15 Std. stehen wir schließlich an der von Los Llanos in den Inselnorden führenden **Hauptstraße.** Unmittelbar rechts von uns befindet sich der **Mirador del Time.** Hier lohnt es sich, eine ausgiebige Pause einzulegen und von der Terrasse des **Cafés Mirador El Time** die grandiose Aussicht über das gesamte Aridane-Tal zu genießen. »594 m« zeigt ein Schild am Straßenrand an. Doch diese Höhenangabe bezieht sich auf die nahegelegene Bergkuppe El Time, die dem Mirador ihren Namen gegeben hat. *Time* ist das altkanarische Wort für Felsvorsprung. Wir haben lediglich ca. 550 Höhenmeter zurückgelegt.

Diese gilt es nun, auf demselben Weg wieder hinabzusteigen. Nach 25 Min. (vom Mirador del Time gerechnet) ist das Holzkreuz am Beginn des Steilabstiegs erreicht, und 20 Min. später stehen wir wieder am **Ausgangspunkt** in **Puerto de Tazacorte.**

Zwischen Wolken und Sonne

Zum Torre del Time

Frühmorgens sollte man aufbrechen, will man die wunderschöne Aussicht vom Torre del Time hinab in den Barranco de las Angustias ohne Wolken genießen. Der Spaziergang führt durch Weinberge und stille Wälder.

DIE WANDERUNG IN KÜRZE

+
Anspruch

2 Std.
Gehzeit

150 m
An-/Abstieg

Charakter: Breite Feld- und Forstwege, streckenweise steiler Waldweg

Einkehrmöglichkeiten: Keine

Anfahrt: Mit dem Pkw: Von der Landstraße zwischen Los Llanos und Garafía biegt vor dem Ort Tijarafe, beim Weiler El Jesús, eine schmale Straße nach rechts ab; der »Torre del Time« ist hier ausgeschildert. Die Abzweigung ist recht leicht zu finden, wenn man kurz zuvor auf einen Picknick-platz am rechten Straßen-rand achtet! Nach 2,3 km gabelt sich die Neben-straße. Wir halten uns nun links aufwärts und folgen wiederum der Beschil-derung »Torre del Time«. Nach weiteren ca. 2 km tref-fen wir auf eine Kreuzung,

die mit »Cruz del Llano« beschildert ist. Dort erhe-ben sich, einander vis-à-vis, zwei kleine Heiligtümer, in denen jeweils Kreuze ver-ehrt werden. Gleich in der Nähe kann man am Rand eines der hier abzweigen-den Feldwege den Wagen parken. **Mit dem Bus:** Es gibt für die Anfahrt keinen Linienbusanschluß! **Hinweis:** In diesem Wander-gebiet wütete im Sommer des Jahres 2000 ein verhee-render Waldbrand. Da die Kanarische Kiefer nach Bränden wieder frisch aus-treibt, rechnet die National-parkverwaltung jedoch damit, daß die entstande-nen Schäden in drei bis fünf Jahren kaum noch sichtbar sein werden.

Vom **Cruz del Llano** halten wir uns auf einem breiten Fahrweg gerade-wegs bergauf. Der Weg führt auf ei-nem terrassierten Bergrücken ent-lang, wo im Spätwinter die Mandel-bäume blühen. Wir durchschreiten einen kleinen **Kiefernhain** (5 Min.) und passieren zwei flache Talmul-den, in denen auf winzigen, sorgfäl-tig mit Steinmauern abgestützten Terrassenfeldern Wein angebaut wird. Hinter der zweiten Talmulde, bevor die Piste wieder in den Wald eintritt, zweigt zur Linken ein durch Steinpyramiden markierter, sehr steiler und steiniger Pfad ab. Man kann nun diesen wählen oder – bequemer – geradeaus weiter in ein größeres, ebenfalls als Weinberg genutztes Tal hineinlaufen, wo der Forstweg eine scharfe **Linkskurve** beschreibt.

Gleich hinter der Kurve trifft man rechts auf die Fortsetzung des durch Steinmännchen gekennzeichneten, steilen Pfads (15 Min.) und folgt diesem auf einem mit Kiefern bestandenen **Bergrücken** steil hangaufwärts. (Wer es gern bequemer hätte, folgt weiterhin der Piste bis zum Schild »Torre del Time« (s.u.). Wenige Minuten später schneidet unser Weg die Piste kurz hintereinander zweimal, führt aber jeweils geradewegs bergauf weiter. Nach rechts oder links abzweigende, sichtlich selten benutzte Wege werden ignoriert. Noch einmal kreuzt der Weg die Piste. Schließlich erreicht man zum vierten Mal die Piste (zum fünften Mal, falls man dem durch Steinmännchen markierten Pfad von Beginn an gefolgt ist) und biegt hier rechts ab (30 Min.).

Man gelangt nach etwa 50 m an eine Abzweigung, wo ein Schild geradeaus den Weg Richtung »Torre del Time« weist. (Rechts hinunter führt die Piste, die man bereits mehrfach gequert hat und die mit »El Jesús« ausgeschildert ist.)

Hangparallel geht es durch hohen, schattigen **Kiefernwald**. Am Wegrand blüht im Spätwinter der

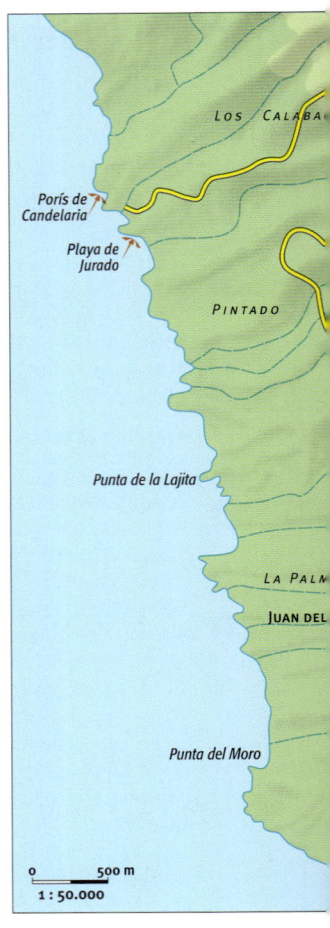

Kleinfrüchtige Affodill, später dann die Zistrosen. Nachdem wir ein breites Tal umrundet haben, treffen wir

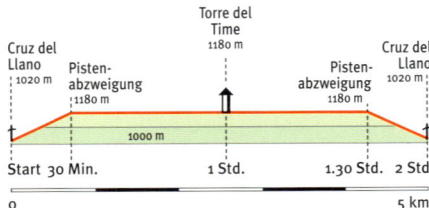

wieder auf Weinberge. Zur Linken zweigt ein steiler Feldweg im spitzen Winkel ab (40 Min.). Die Stelle ist im Frühjahr daran zu erkennen, daß hier in großer Zahl Montpellier-Zistrosen blühen, die einen starken Duft verströmen. Wir gehen geradeaus und kommen schon nach etwa 50 m an eine weitere Abzweigung, wo ein zugewachsener Weg nach rechts abbiegt, bleiben aber auf der breiten Piste und umrunden noch ein Tal.

An dessen gegenüberliegender Seite biegt links ein steiler Feldweg ab, den wir nicht beachten (50 Min.). 5 Min. später kreuzt in einer Linkskurve der ausgeschilderte Wanderweg zum Roque de los Muchachos unsere Route. Geradeaus ist es nun nicht mehr weit zum **Torre del Time** (1 Std.). Von der Aussichtsplattform genießt man den Blick tief hinab in den Barranco de las Angustias, bevor man auf demselben Weg zum **Ausgangspunkt** zurückkehrt (2 Std.).

Tour 18

Wo die Palmeros baden

Zur Küste bei Tijarafe

Dieser Rundweg führt zur malerisch in einer engen Felsbucht gelegenen Fischersiedlung Porís de Candelaria. Für den anstrengenden
Ab- und späteren Wiederaufstieg entschädigen lohnende Blicke entlang der bizarren Felsküste.

DIE WANDERUNG IN KÜRZE

+++
Anspruch

4.30 Std.
Gehzeit

800 m
An-/Abstieg

Charakter: Steile, steinige
Pfade; wegen der nicht
unerheblichen Steigungen
und der Küstennähe bei
sonniger Witterung recht
anstrengend; fünf Tunnel-
durchquerungen; Orientie-
rung teilweise erschwert

Einkehrmöglichkeiten:
Nur in Tijarafe

Ausrüstung: Taschenlampe
wegen mehrerer Tunnel-
durchquerungen unbe-
dingt erforderlich! Bei ruhi-
ger See lohnt die Mitnah-
me von Badesachen.

Anfahrt: Mit dem Pkw:
Tijarafe liegt an der Landstraße zwischen Los
Llanos und Puntagorda. Im
Zentrum von Tijarafe befindet sich unweit der Kirche
ein Spar-Supermarkt

(Haus-Nr. 17). Nördlich
davon zweigt eine schmale
Straße steil abwärts ab.
Sie führt am Gebäude der
Guardia Civil (an der Be-
flaggung zu erkennen) vor-
bei und dann als schmale
Betonpiste bis zu einer
Wegkreuzung bei einer
ehemaligen Pumpstation,
die durch einen schmalen
weißen Turm kenntlich ist.
Die Betondecke endet hier.
An dieser Stelle gibt es
Parkbuchten. **Mit dem
Bus:** Linie 5 von Los Llanos
Richtung Santo Domingo
de Garafía bis Tijarafe,
2–7x tägl. Im Zentrum von
Tijarafe folgt man der
Anfahrtsbeschreibung für
Autofahrer (zu Fuß ca.
15 Min. pro Strecke).

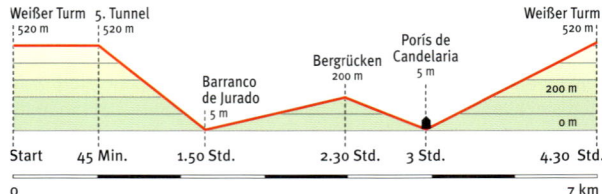

Weißer Turm 520 m | 5. Tunnel 520 m | Barranco de Jurado 5 m | Bergrücken 200 m | Porís de Candelaria 5 m | Weißer Turm 520 m

200 m / 0 m

Start | 45 Min. | 1.50 Std. | 2.30 Std. | 3 Std. | 4.30 Std.

0 — 7 km

An der **Wegkreuzung** bei dem **weißen Turm** halten wir uns links auf einem Feldweg, der höhenparallel in südlicher Richtung verläuft. An Avocado- und Mandelpflanzungen vorbei führt er in 5 Min. zu einem **Tunnel,** durch den eine Wasserrohrleitung verlegt ist. Hier gilt es erstmals, die Taschenlampe auszupacken. Durch eine stets offenstehende Metalltür gelangen wir in den breiten, hohen Stollen, der durchgängig gut begehbar ist. Nach weiteren 5 Min. stehen wir wieder im Tageslicht und blicken recht unvermittelt in den direkt vor uns liegenden, tiefen Barranco de Jurado.

Wir halten uns links und laufen etwa höhenparallel weiter, jetzt auf einem schmalen Pfad. Dieser ist stellenweise ein wenig zugewachsen. Bald erreichen wir den **Talschluß.** Oberhalb einer steilen Felsstufe bildet eine vegetationsfreie Steinplatte den Grund des meist ausgetrockneten Bachbetts. Nur nach extrem starken Regenfällen fließt hier kurzfristig ein wenig Wasser. Wir queren

das Bachbett und finden unseren Pfad einige Meter weiter links wieder. An der südlichen Flanke des Barrancos geht es zunächst leicht bergan.

Vor der **steilen Felswand,** die das Tal Richtung Süden begrenzt, treffen wir abermals auf einen hangparallelen Pfad, dem wir nach rechts folgen. Der Eingang des nächsten Tunnels ist schon zu erkennen. Dieser **Stollen** ist sehr viel kürzer als der erste, die Taschenlampe ist nicht erforderlich.

Ebenso verhält es sich mit einem **weiteren Tunnel,** den wir kurz darauf durchqueren. Der Eingang eines **vierten Tunnels** (30 Min.) ist zur Hälfte verschüttet. Man kann ihn leicht übersehen. Sollte man zu weit nach rechts geraten sein, wird man dies jedoch bald bemerken, denn der Pfad, der dort weiterführt, endet schon nach etwa 20 m vor einem Steilabbruch.

Auch diesen Tunnel wird man ohne Taschenlampe bewältigen. Im **fünften,** unmittelbar anschließenden

Die Mündung des Barranco Jurado

und **recht langen Tunnel** benötigen wir sie jedoch wieder. Nach 45 Gehminuten ist der Südausgang dieses Tunnels erreicht. Etwa 20 m weiter treffen wir auf einen Schuppen, wo links im spitzen Winkel ein teilweise **betonierter Fahrweg** abzweigt. Diesem folgen wir aufwärts, gehen also nicht geradeaus auf der Piste weiter. Kurz darauf erreichen wir eine **Straße,** auf der wir uns wiederum links halten. An dieser wenig befahrenen Nebenstrecke gehen wir nun bergab.

In einer Linkskurve zweigt rechter Hand ein Feldweg ab, den wir nicht beachten. Kurz darauf gelangen wir an eine weitere Linkskurve (1 Std.), wo wir rechts in einen betonierten Fahrweg *(Pista del Jurado)* einbiegen und kurz darauf einen nahezu quadratischen, von schrägen Natursteinmauern eingefaßten **Wasserbehälter** passieren. Bald sehen wir zur Linken eine **prächtige Gartenanlage** mit zahlreichen Zypressen und Palmen. Sie umgibt die Villa des bekannten Komponisten Frank Duval,

der hier einen Großteil des Jahres verbringt. Es geht weiter auf dem teils betonierten, teils asphaltierten Fahrweg bergab. Vor einer Bananenplantage zweigt rechts ein Weg ab, den wir nicht beachten. Wir laufen auf dem Fahrweg an der **Plantage** vorbei weiter.

Im folgenden Wegverlauf umgibt uns bereits die trockenheitsliebende Vegetation, wie sie für die Küstenabhänge La Palmas charakteristisch ist: Weißer Natternkopf, Mondampferstrauch und Wolfsmilchbüsche gedeihen hier. Dazwischen sieht man ab und zu knorrige Opuntien, die früher hier angebaut wurden, um aus der auf ihnen parasitierenden Cochenille-Laus einen begehrten roten Farbstoff zu gewinnen. Allmählich nähern wir uns einem riesigen, kreisrunden Wasserbecken, neben dem sich weitere Bananenplantagen erstrecken. Wir gehen jedoch nicht zu diesem hinunter, sondern finden etwa 50 m oberhalb davon auf der rechten Seite neben einer kleinen, abgedeckten

Der winzige Fischerort Porís de Candelaria

Betonzisterne den Einstieg in einen **alten Saumpfad** (1.30 Std.), dem wir nun in den unteren Teil des Barranco de Jurado hinein folgen. Bald passieren wir die verrosteten Überreste einer **ehemaligen Materialseilbahn,** an der sich unser in Kurven steil abwärts führender Weg nun orientiert.

Beim Abstieg ist Vorsicht geboten, denn der Weg ist durch loses Geröll stellenweise recht rutschig. Dafür entschädigen die herrlichen Ausblicke zur Steilküste und zur Mündung des Barranco de Jurado. Hinter dem kleinen, grobkiesigen Strand stehen dort ein paar »Casitas«, in denen Einheimische ihre Wochenenden verbringen. Nach 1.50 Std. stehen wir im Grund des Barrancos, nicht weit vom Strand entfernt.

Etwa 80 m vom Ufer entfernt erhebt sich in dem ausgetrockneten Bachbett eine Betonruine. Von hier aus wurde früher Wasser mit der Seilbahn talaufwärts transportiert, um es für die Bewässerung der Bananenplantagen zu verwenden.

Links vor dem Gemäuer folgen wir einem Weg, der gleich darauf als Betontreppe zu einer der Casitas hinauf und an dieser vorbei weiterführt. Nur vorübergehend verläuft der Weg hier hangparallel, dann beginnt ein **steiler Anstieg** in Serpentinen.

Der Pfad ist durchgängig gut zu erkennen, obwohl er im oberen Teil etwas schmaler wird und durch eine Ansammlung von Kandelaber-Euphorbien führt, die an Kakteen erinnern. Nach 2.30 Std. ist dann ein **Bergrücken** erreicht, und wir stehen an einem betonierten Fahrweg. Auf der Piste wenden wir uns nach links und laufen in steilen Serpentinen abwärts. Fünf Minuten später endet der Fahrweg.

Geradeaus führt ein Fußweg hinab in den kleinen Barranco del Pueblo. Auf der gegenüberliegenden Talseite können wir bereits den mit Bruchsteinmauern abgestützten Saumpfad erkennen, auf dem wir anschließend zurück zum Ausgangspunkt steigen werden. Zunächst jedoch geht es durch den Grund des

Barrancos hinab zum Meer, wobei man sich unterwegs rechter Hand den Einstieg in den Saumpfad merken sollte, den wir für den Rückweg benutzen werden. Er ist durch ein Felsmännchen markiert und befindet sich wenige Meter vor einer Felsstufe, die den Talgrund zum Meer hin abschneidet. (Zwei weniger deutliche Pfade, die schon weiter oberhalb rechts vom Talgrund abzweigen, führen ebenfalls zu dem Saumpfad, sind jedoch recht unbequem zu gehen.)

Der letzte Teil des Weges wurde sorgfältig mit einer Pflasterdecke versehen und mit Mauer und Zaun zum Meer hin abgesichert. Im Bogen führt er nach rechts unter überhängenden Felsen entlang, wo wir erstmals den winzigen Fischerort **Porís de Candelaria** erblicken. Wenig später stehen wir in der halbrunden, **kesselförmigen Bucht,** die früher den Fischern von Tijarafe als relativ sicherer Hafen diente (3 Std.). Die kleinen, offenen Boote, die heute von ihren Besitzern nur noch in der Freizeit benutzt werden, zieht man auf einer Rampe aus dem Wasser, um sie vor der Brandung zu schützen.

Einen Strand gibt es hier nicht, grobe Felsblöcke säumen das Ufer. Dahinter ducken sich ein paar schmucke, weiße Häuser, die nur an den Wochenenden bewohnt sind, unter die Felswand. Es lohnt sich, eine längere Pause einzulegen und dem Spiel der Wellen zuzuschauen. In den Nachmittagsstunden kann man ein Sonnenbad nehmen, am Vormittag hingegen liegt die Bucht noch vollständig im Schatten. Vom Badespaß sollte man bei bewegter See unbedingt absehen! Es ist dann lebensgefährlich, hier ins Wasser zu gehen.

Anschließend kehren wir zu der Stelle zurück, wo wir uns bereits auf dem Hinweg den Einstieg in den weiteren Wanderweg gemerkt hatten (3.10 Std.).

Hier biegen wir im spitzen Winkel links in einen durch Bruchsteinmauern abgestützten Saumpfad ein. Steil geht es in Serpentinen aufwärts. An dem südwestexponierten Hang kann dies an heißen Tagen recht anstrengend werden, so daß man sich den Anstieg nach Möglichkeit für die späten Nachmittagsstunden aufheben sollte.

Der Weg windet sich am **Barranco del Pueblo** empor, bis nach 3.50 Std. Gehzeit auf dem angrenzenden Bergrücken ehemals landwirtschaftlich genutztes Terrain erreicht wird. Wolfsmilchgebüsch hat die aufgelassenen Terrassenfelder bereits weitgehend zurückerobert. Der Wegverlauf wird hier etwas unübersichtlich, Steinmännchen in dichter Folge helfen jedoch bei der Orientierung. Weiter oben gilt es, stellenweise über nackte Felspartien zu klettern, wobei wiederum Steinmännchen eine nützliche Hilfe sind. Nach 4 Std. ist der steilste Teil des Anstiegs bewältigt.

Der Blick wird frei auf zahlreiche, teils mit Plastikplanen überdeckte Bananenplantagen, die auf dem angrenzenden Bergrücken angelegt wurden. Ein deutlich erkennbarer **Trampelpfad** führt nun eine schräg ansteigende Hochfläche hinauf. Nach 4.15 Std. kommt unser Ziel, die ehemalige Pumpenstation am Ausgangs- und Endpunkt unserer Wanderung, in Sicht. Am linken Rand eines Felskammes entlang geht es bis zu einer Piste, auf der wir uns nun ohne weitere Steigung rechts halten. Jetzt ist es nicht mehr weit bis zum **Ausgangspunkt,** der nach 4.30 Std. erreicht ist.

Mandelhaine und Kiefernwälder

Von Puntagorda nach Las Briestas

Durch lichten Kiefernwald geht es steil aufwärts auf einem alten Saumpfad, später dann gemütlicher auf einer Forstpiste weiter durch Mandelhaine und Weinberge. Ziel ist das Ausflugsrestaurant Briesta.

DIE WANDERUNG IN KÜRZE

++
Anspruch

6 Std.
Gehzeit

500 m
An-/Abstieg

Charakter: Steiler, alter Camino bzw. breite Forstpiste; später bequeme Fahrwege

Einkehrmöglichkeiten: Kiosko Briesta in Las Briestas (palmerische Spezialitäten, u. a. Zicklein, Kaninchen; ca. Mitte Mai bis Mitte Juni wegen Urlaub geschlossen)

Anfahrt: Mit dem Pkw: Puntagorda liegt an der Landstraße zwischen Los Llanos und Santo Domingo de Garafía. Unweit nördlich von Puntagorda zweigt im Kiefernwald eine Straße Richtung Küste ab, die mit »El Fayal« beschildert ist. In der Nähe der Abzweigung gibt es Parkbuchten. **Mit dem Bus:** Linie 5 ab Los Llanos, 2–7x tägl. Eine Bushaltestelle befindet sich am Nordrand von Puntagorda kurz vor der Abzweigung Richtung El Fayal. Man hält sich weiter Richtung Norden und trifft sogleich rechter Hand auf die Abzweigung des Camino de la Rosa (s. u.).

Von der **Parkbucht** an der Abzweigung »El Fayal« aus halten wir uns an der Hauptstraße entlang nach Süden, also Richtung Puntagorda, um kurz darauf links in einen asphaltierten Fahrweg einzubiegen. An ein paar Häusern vorbei führt er steil aufwärts und beschreibt nach 5 Min. eine Linkskurve. Hier befindet sich rechter Hand das **Centro de Naturaleza La Rosa** mit einem kleinen Campingplatz. Wir halten uns in der Kurve an einer Natursteinmauer entlang geradeaus auf einem breiten, mit »Camino de la Rosa« ausgeschilderten Pflasterweg und steigen weiter steil bergan. Das landwirtschaftlich genutzte Gelände lassen wir hinter uns und laufen durch **lichten Kiefernwald.** Wir treffen auf eine Pistenkurve (10 Min.).

Auf der Piste halten wir uns aufwärts, ignorieren einen noch in der Kurve rechts abzweigenden Waldweg und biegen wenige Meter dahinter rechts in die Fortsetzung des **Saumpfads** ein.

Nach einer knappen halben Stunde treffen wir auf ein **großes Wasserspeicherbecken** aus Beton, an dem ein schmaler Fahrweg beginnt, dem wir weiter aufwärts folgen. Dieser mündet wenig später in die bereits bekannte Forstpiste, die wir queren. Geradeaus auf dem **Camino de la Rosa** (beschildert) wandern wir weiter. Der einstmals breite Weg ist hier großenteils mit Zistrosen überwuchert. Es bleibt jedoch stets ein genügend breiter Trampelpfad frei. Dieser windet sich in engen Serpentinen durch Kiefernwald aufwärts.

Nach 40 Min. queren wir erneut die Piste und laufen geradeaus weiter. Der Wald hat sich hier vorübergehend gelichtet und Mandelplantagen und Weinbergen Platz gemacht. Doch kurz darauf treten wir wieder in **Kiefernwald** ein. Ein paar breite Ackerterrassen, die durch hohe Mauern aus groben Felsbrocken abgestützt werden, passieren wir auf der linken Seite. Von der Piste, die jetzt wenige Meter links von uns verläuft, lassen wir uns nicht irritieren, sondern gehen geradeaus, wo unser Camino vorübergehend recht zugewachsen ist. Dann queren wir die Piste (1 Std.) und folgen weiter der Beschilderung »Camino de la Rosa« aufwärts. 5 Min. später stehen wir abermals an der Piste und gehen auf dieser etwa 200 m nach links bis zur nächsten Kurve, wo wir wieder in den Camino einschwenken.

Erneut erreichen wir die Piste (1.10 Std.), der wir nun aufwärts folgen. Einen schon nach wenigen Metern links zu ein paar Bauernhäusern abzweigenden, schmalen Fahrweg ignorieren wir. Nach 1.15 Std. Gehzeit gabelt sich die Piste bei einem

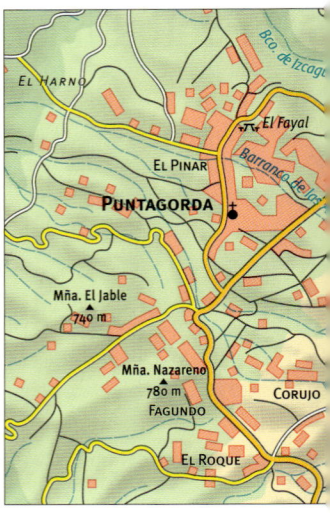

Wochenendhaus. Wir gehen links auf dem breiteren Abzweig. Etwa 30 m weiter zweigt in einer Linkskurve rechter Hand die Fortsetzung des Camino de la Rosa ab, der wir jetzt wieder folgen. Wieder laufen wir steil aufwärts auf dem teilweise gepflasterten, hier recht zugewachsenen Saumpfad. Fünf Minuten später treffen wir abermals auf eine Forstpiste und gehen rechts, also aufwärts. Bald darauf gabelt sich der Weg. Wir halten uns links und ignorieren eine gleich darauf links in eine Mandelplantage hinein abzweigende Fahrspur.

Unser Weg führt zunächst noch einmal steil bergan. Dann läßt die

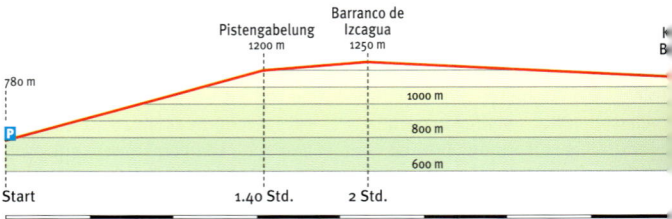

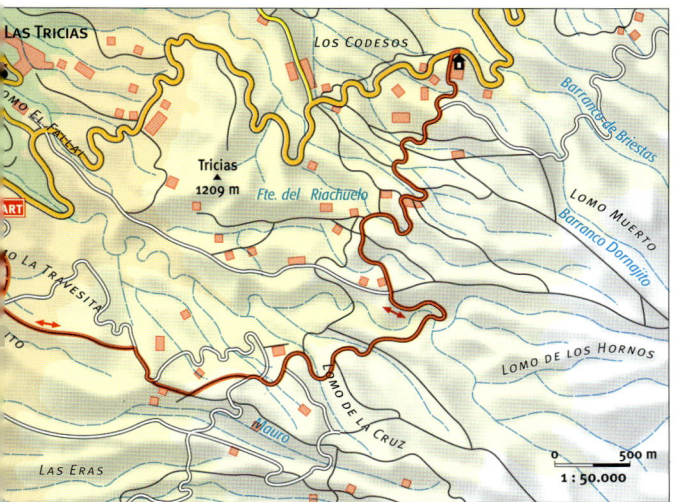

Steigung nach, und linker Hand kommt vorübergehend der Berg Tricias mit Sendemasten auf dem Gipfel in Sicht. Nach 1.30 Std. treffen wir auf eine breitere Piste, auf der wir uns links wenden. Dann kommen wir an eine Pistengabelung, wo links ein Schild Richtung CTRA.GRAL.OP weist. Wir aber gehen rechts, wo der Fahrweg leicht ansteigt (1.40 Std.). Nun geht es höhenparallel weiter, zunächst durch Mandelplantagen und Weinberge, später dann wieder leicht ansteigend durch Kiefernwald. Nach 1.50 Std. kommen wir an eine Gabelung, wo wir uns links halten, der Beschilderung Richtung »Briestas« folgend. Von nun an laufen wir

wieder sanft bergab und umrunden den oberen Teil des Barranco de Izcagua. Nach 2 Std. führen kurz hintereinander **Brücken** über zwei Arme der Schlucht. Dazwischen weist uns eine Holztafel darauf hin, daß wir das Gemeindegebiet von **Garafía** betreten. Auf der anderen Talseite verlassen wir den Wald und treffen auf Häuser (2.10 Std.), die von Weinfeldern und Mandelplantagen umgeben sind. Doch schon bald wandern wir wieder durch Kiefernwald.

Einen Fahrweg, der nach 2.20 Std. von links unten heraufkommt, beachten wir nicht. Praktisch höhenparallel gehen wir auf der Piste weiter. Nach 2.30 Std. zweigt rechts ein

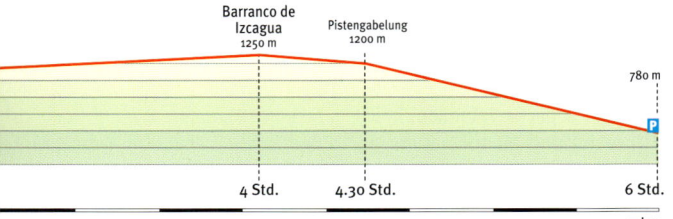

Blick nach Las Tricias

steiler Fahrweg ab, den wir ebenfalls ignorieren. Wir wandern jetzt durch **Weinberge;** kurz darauf gabelt sich die Piste. Es geht nun abwärts, wo wir bald wieder auf Kiefernwald treffen. Schmalere Abzweigungen nach rechts und links ignorieren wir. Wir queren eine **flache Talmulde,** in der Weinreben und Mandelbäume gedeihen (2.40 Std.), und steigen dann wieder leicht bergan. Im weiteren Verlauf lassen wir seitliche Abzwei-

gungen außer acht. Bald sehen wir vor uns schon die Straße, die wir beim **Kiosco Briesta** erreichen (3 Std.).

Wer sich den Rückweg zu Fuß nach Puntagorda ersparen möchte, kann von hier aus ein Taxi bestellen lassen. Ansonsten läuft man auf dem schon bekannten Weg zurück, um nach 6 Std. wieder am **Ausgangspunkt** unserer Wanderung anzukommen.

Wohnhöhlen der Altkanarier

Zu den Cuevas de Buracas bei Las Tricias

In den Höhlen von Buracas lebten früher die Ureinwohner, in jüngeren Jahren ließen sich ausländische Aussteiger hier nieder. Heute liegt das idyllische Tal, in das man durch eine liebliche Kulturlandschaft gelangt, verlassen da.

DIE WANDERUNG IN KÜRZE

++

Anspruch

2.30 Std.
Gehzeit

250 m
An-/Abstieg

Charakter: Abwechslungsreiche Wanderung über Feldwege und alte, gepflasterte Saumpfade

Einkehrmöglichkeiten: Café bei den Cuevas de Buracas; in Las Tricias gibt es eine einfache Bar an der Kirche.

Anfahrt: Mit dem Pkw: Von Santa Cruz über Los Llanos oder von Barlovento bis zur 5 km nordöstlich von Puntagorda gelegenen Straßengabelung, wo man bergab Richtung Las Tricias abzweigt. Nun ist es noch etwa 1 km bis zur kleinen Kirche des Ortes, in deren Nähe man den Wagen parken kann. **Mit dem Bus:** Von Los Llanos mit Linie 5 nach Las Tricias, 2–7x tägl.

Von der **Kirche** in **Las Tricias** gehen wir zunächst auf der Straße abwärts. In der ersten deutlichen Linkskurve am Ende der geschlossenen Bebauung, nach ca. 200 m, verlassen wir die Straße. Genau im Scheitelpunkt der Kurve beginnt ein breiter, zu Beginn gepflasterter Fahrweg, der schon nach ca. 30 m nach links abbiegt. Wir verlassen ihn wiederum im Scheitelpunkt der Kurve und betreten einen Pfad, der sich bald abermals zu einem teils gepflasterten, teils betonierten Fahrweg erweitert. Auf diesem gelangen wir erneut an die Straße. Wir erreichen ein **altes, in traditionellem Stil errichtetes Bauernhaus** mit abgedeckter Zisterne, zu dessen Gelände eine von Bougainvillea umrankte Holzpforte führt. Kurz hinter diesem verlassen wir abermals die Straße. In einer weit **ausgezogenen Serpentine,** kurz hinter dem Scheitelpunkt der Kurve, führt dort ein teils gepflasterter, teils betonierter Fahrweg steil abwärts. Auch dieser mündet bald wieder in die Straße, auf der wir nun bergab gehen.

Ca. 400 m weiter verengt sich die Fahrbahn zwischen **zwei Häusern** auf eine Spur, um sich gleich dahinter wieder zu verbreitern. Am Beginn der nächsten Rechtskurve, die nach ca. 300 m erreicht ist, verlassen wir die Straße geradeaus auf einem gepflasterten alten Saumpfad, der hier durch **Mandelplantagen** abwärts führt (10 Min.). Schon bald zweigt rechts hinter einem Haus ein schmalerer Weg hangparallel ab, den wir nicht beachten. Kurz darauf beschreibt unser

Saumpfad eine Linkskurve; einen rechts abzweigenden weiteren Pfad ignorieren wir ebenfalls.

Es geht nun vorübergehend sanft aufwärts. Nach 15 Min. stehen wir an einer **Wegekreuzung,** wo wir rechts dem asphaltierten Fahrweg folgen. Wir passieren einen **Bauernhof,** wo man frische oder auch geröstete und gezuckerte Mandeln aus eigener Produktion kaufen kann. Wenig später ergibt sich ein beeindruckender Blick in die tiefe Schlucht des Barranco de Izcagua. In der nächsten deutlichen Rechtskurve erkennen wir linker Hand eine fast kreisrunde, gepflasterte Fläche, einen **ehemaligen Dreschplatz.** Hier verlassen wir den asphaltierten Fahrweg und halten uns links auf einem breiten Fußweg, der weiter dem Bergrücken am Rand des Barrancos folgt. Wir passieren einen **Drachenbaum,** der sich inmitten einer Opuntien-Pflanzung erhebt. Ein weiterer, größerer Drachenbaum steht links etwas abseits des Weges.

Unser nächstes Ziel ist eine *Molina,* eine **ehemalige Gofio-Mühle,** eine filigrane Holzkonstruktion, die auf einer Kuppe direkt voraus schon zu sehen ist. Wir treffen zunächst auf einen lehmigen Fahrweg (30 Min.), auf dem wir links gehen. Etwa 30 m weiter kommen wir an eine Pistenkreuzung, wo wir geradeaus weiterwandern und kurz darauf die **Villa**

Castro, ein schmuckes Anwesen, passieren.

Gleich dahinter machen wir einen Abstecher nach rechts auf den **Mühlenhügel** (40 Min.), wo wir uns aus nächster Nähe einen Eindruck von der noch recht gut erhaltenen Molina verschaffen können. Solche Mühlen wurden auf La Palma seit dem 18. Jh. eingesetzt, als man insbesondere im Nordwesten der Insel noch reichlich Getreide anbaute. Von hier aus breitete sich dieser Mühlentypus auch auf den Nachbarinseln rasch aus, da er eine erhebliche technische Neuerung gegenüber den klassischen Windmühlen darstellte. Man mußte die Flügel nicht mühselig mit Segeltuch bespannen, sondern hölzerne Schaufeln trieben das Mahlwerk an. Wir gewinnen auch einen Überblick über den weitläufigen Ort Las Tricias, dessen Häuser verstreut zwischen Mandelbaumhainen und aufgelassenen Opuntien-Feldern stehen. In nördlicher Richtung erkennen wir auf einem Rücken zwischen zwei kleineren Barrancos den Drachenbaumhain von Las Tricias, den wir später noch passieren werden.

Auf der dem Meer zugewandten Seite des Mühlenhügels gelangen wir auf einem Trampelpfad über aufgelassene Terrassenfelder wieder auf den Fahrweg (Vorsicht, hier gilt es, eine ca. 1 m hohe Kante hinun-

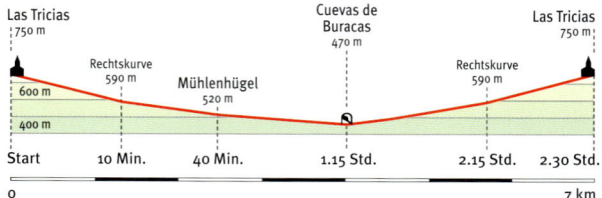

terzuklettern. Wer dies vermeiden will, läuft ein paar Meter nach links, wo die Kante an Höhe verliert.). Auf der Piste laufen wir weiter bergab. Wir gelangen in einen kleinen, dicht mit Mandelsträuchern bewachsenen Barranco, an dessen Rand sich einige Drachenbäume erheben. Der Weg beschreibt hier eine deutliche Linkskurve, hinter der wir nicht auf dem schmaleren Weg den Talgrund queren (er führt auf Privatgelände!), sondern dem breiten Fahrweg weiter abwärts folgen.

Rote Pfeile und die Beschriftung »Buracas, Dragos« auf einem **gespaltenen Baumstamm** weisen uns den Weg. Die Route entfernt sich vorübergehend vom Talgrund, kehrt dann aber zu diesem zurück und beschreibt dort wiederum eine scharfe Linkskurve. Dahinter zweigt rechts ein schmalerer Weg ab, den wir nicht beachten. Wir laufen weiter, bis wir fast das Wasserbecken erreicht haben, das links oberhalb des Weges steht (1 Std.).

Dort gabelt sich die Piste. Wir halten uns rechts abwärts. Noch einmal erreichen wir den Talgrund. Die Fahrspur endet hier bei einer Gruppe eng beieinanderstehender **Drachenbäume.** Ein schmaler Fußweg führt geradeaus weiter, zwischen den Drachenbäumen hindurch. Auf der anderen Talseite geht es ein wenig bergan bis zur Hangkante, wo sich der Pfad gabelt. Wir gehen links und gelangen gleich darauf zu einem **Ausflugscafé** (1.10 Std.). Hier knickt unser Pfad nach rechts ab und führt, von nun an hin und wieder mit kleinen roten Farbflecken markiert, in einen weiteren Barranco hinein zu den **Cuevas de Buracas.**

In den weichen Tuffgesteinsbänken, die hier die Felswände durchziehen, hatten sich schon vor Urzeiten durch natürliche Prozesse zahlreiche Höhlen gebildet, die in der Vergangenheit immer wieder als Wohnungen oder Ställe genutzt wurden. Man kann bis zum Ende des Pfades im Talgrund laufen (1.15

Std.), wo es weitere Höhlen und noch eine gefaßte Quelle gibt. Die Schlucht wird nach oben durch eine steile Felsstufe verschlossen. Anschließend kehren wir zu dem **Ausflugscafé** zurück (1.20 Std.) und gehen kurz darauf an der Gabelung nicht nach rechts in den Barranco hinunter, sondern steigen geradeaus weiter auf ein Haus zu. Dieses passieren wir und können noch einmal einen Blick hinab zu den Höhlen werfen.

Der alte Saumpfad, dessen Pflasterung noch stellenweise erhalten ist, hält sich am oberen Rand des Barranco Las Megeras aufwärts. Nach 1.30 Std. passieren wir den Drachenbaumhain von Las Tricias, in dem immerhin elf erwachsene Exemplare des seltenen Baums gedeihen. Damit handelt es sich um den zweitgrößten zusammenhängenden Bestand La Palmas nach dem Drachenbaum-»Wald« von Las Toscas (s. Tour 23). Der Weg verläuft nun auf einem Bergrücken zwischen zwei Tälern, weitere Drachenbäume werden passiert. Oberhalb zweier größerer, dicht beieinanderstehender Exemplare (1.45 Std.) gabelt sich der Weg vor einer Bruchsteinmauer. Wir gehen geradeaus, parallel zu einem Bündel von schmalen Wasserrohrleitungen, passieren Orangenplantagen, queren einen Fahrweg und halten uns weiter geradeaus auf dem alten Pflasterweg.

Schon bald darauf kreuzen wir einen weiteren Fahrweg und finden auch hier auf der anderen Seite unseren Saumpfad wieder, der zwischen Terrassenfeldern weiter ansteigt. Bei dem schon vom Hinweg bekannten **Dreschplatz** (2 Std.) erreichen wir den breiten Weg, auf dem wir zuvor zur Gofio-Mühle hinabgelaufen waren. Auf diesem gehen wir wenige Meter nach links bis zu dem asphaltierten Fahrweg, den wir ebenfalls bereits kennen und auf dem wir nun zum **Ausgangspunkt** zurückkehren (2.30 Std.).

Cuevas de Buracas

Die altkanarische Bevölkerung lebte bis zum Eintreffen der spanischen Conquistadoren großenteils in Höhlen, insbesondere im Nordwesten La Palmas, wo die Natur in den Wänden der tiefen Schluchten (Barrancos) Vertiefungen in weiche Tuffgesteinsbänder gewaschen hatte, die nur noch ausgebaut werden mußten. Man bewohnte nur Höhlen, die nicht den alljährlich auftretenden Überschwemmungen ausgesetzt waren, und bevorzugte Höhenlagen unterhalb 600 m sowie süd- oder südwestexponierte Hänge, die in der kalten Jahreszeit von der Sonne aufgeheizt werden. In historischer Zeit paßten sich die Ureinwohner in Sitten und Gebräuchen an die Eroberer an. Man baute Häuser, die Höhlen wurden allmählich in Ziegenställe umgewandelt. Ende der 1970er Jahre, als junge, ausländische Aussteiger nach Las Tricias kamen, wurden die Höhlen von Buracas wieder zu Wohnzwecken genutzt. Die »Alternativos« wurden inzwischen umgesiedelt oder haben die Insel verlassen. Nichts erinnert mehr an diese neuzeitlichen Höhlenbewohner. Hingegen trifft man immer noch auf Spuren der Altkanarier. In der mittleren der Haupthöhlen befindet sich ein gepflasterter Steinkreis, ein *tagoror*. Dabei handelt es sich um einen ehemaligen Versammlungsplatz. Darüber, an den Wänden der Felsstufe, kann man nach Petroglyphen suchen.

Windgepeitschte Nordküste

Von Garafía nach El Palmar

Wer einen Ausflug per Mietwagen in den Nordwesten La Palmas unternommen hat, wird diesen Weg schätzen, der es erlaubt, sich ein wenig die Füße zu vertreten und dabei die typische Landschaft bei Garafía kennenzulernen.

DIE WANDERUNG IN KÜRZE

+

Anspruch

3 Std.

Gehzeit

200 m

An-/Abstieg

Charakter: Alter, teilweise gepflasterter Saumpfad, z. T. Feldwege

Einkehrmöglichkeiten: Nur in Santo Domingo de Garafía

Anfahrt: Mit dem Pkw: Von Santa Cruz über Barlovento oder auf der der LP-22 über den Roque de los Muchachos bzw. von

Los Llanos über Puntagorda nach Santo Domingo de Garafía. Im Ortszentrum parkt man in der Nähe der Plaza de Baltasar Martín, an der sich die Kirche erhebt. **Mit dem Bus:** Linie 5 ab Los Llanos, 2–7x tägl.; Linie 11 ab Santa Cruz, Mo-Sa 2x tägl.

In **Garafía** laufen wir bis zum Ende der **Plaza de Baltasar Martín** und darüber hinaus, bis wir in den angrenzenden Barranco de la Luz blicken können. Hier finden wir eine Markierung, einen **Kreis mit einem weißen Kreuz,** die uns von nun an begleiten wird. Wir halten uns auf der Asphaltstraße rechts aufwärts, um schon nach knapp 50 m links in einen auf den ersten Metern betonierten und dann gepflasterten Weg einzubiegen. In Serpentinen geht es

steil abwärts bis zum **Grund des Barrancos** (10 Min.) und auf der anderen Seite ebenso steil wieder aufwärts. Die wildwachsenden Drachenbäume, die an den Hängen der Schlucht gedeihen, sind schon ein Foto wert. Nach insgesamt 30 Gehminuten ist der **Bergrücken** jenseits der Schlucht erreicht. Hier stehen verstreut ein paar kleine Bauernhäuser. Zwischen Ackerterrassen, auf denen Getreide gedeiht, laufen wir geradeaus auf einem Feldweg weiter. Dieser führt im

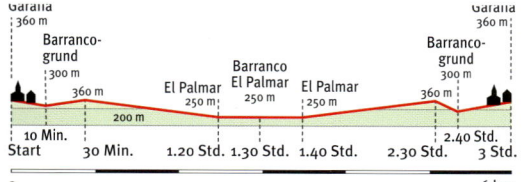

Agave bei El Palmar

Bogen auf einen etwas unterhalb gelegenen Bauernhof zu, neben dem ein kleiner Drachenbaum gedeiht. Schon etwa 80 m bevor der Hof erreicht ist, muß man zur Rechten auf eine schmalere Abzweigung achten. Zwischen lose herumliegenden, groben Felsbrocken führt hier ein Pfad hangparallel weiter. Damit kürzen wir eine Schlinge des Feldwegs ab, auf den wir schon bald wieder treffen. Auf diesem laufen wir aber nur etwa 20 m weiter, um dann links abzubiegen, wo uns Steinmännchen und die bekannte **weiße Markierung** den Weg weisen. Kurz darauf ist ein

Gatter zu passieren und geschlossen wieder zurückzulassen. Wir befinden uns jetzt wieder auf einem alten Saumpfad, der durch eine sorgfältig aufgeschichtete Natursteinmauer abgestützt wird.

Sanft absteigend laufen wir zwischen Ackerterrassen weiter, die heute großenteils nicht mehr genutzt werden. Ein **weiteres Gatter** wird passiert (35 Min.). Fünf Minuten später stehen wir abermals auf einem Feldweg. Wir folgen ihm wenige Meter nach rechts, wo wir sogleich linker Hand die Fortsetzung des Saumpfads finden (durch Steinmännchen und den weißen Kreis mit dem Kreuz markiert). Wir laufen durch eine **flache Talmulde,** in der zahlreiche Agaven gedeihen, die im Sommer ihre auffallend hohen Blütenstände entwickeln.

Im Talgrund beschreibt unsere Route eine Linkskurve. Einen hier rechts abzweigenden, schmaleren Weg ignorieren wir. Wir passieren eine **Häusergruppe,** die von Feigen- und Opuntienpflanzungen umgeben ist. Danach laufen wir über eine einsame, schräg zum Meer hin abfallende, steinige Fläche, wohl einen ehemaligen Lavastrom, der aber schon stark verwittert und von dürrer Vegetation überwuchert ist. Nach 1 Std. ist dann wiederum ein Feldweg erreicht. Auf diesem laufen wir geradeaus weiter.

Der Weiler El Palmar, das Ziel unserer Wanderung, ist nun schon in Sicht. In der nächsten Linkskurve zweigt unsere Wanderroute, durch Steinmännchen und weiße Markierungen erkennbar, wiederum von dem Fahrweg ab. Wir halten jetzt direkt auf die wenigen Häuser von El Palmar zu. Recht unvermittelt schauen wir plötzlich in eine Schlucht, die uns von dem Weiler trennt.

Der alte Saumpfad schwenkt hier nach rechts um. Da er wenig weiter an seiner erneuten Einmündung in den Fahrweg durch Bauarbeiten zerstört wurde, empfiehlt es sich, bereits am oberen Rand der Schlucht links, wo Steinmännchen den Weg weisen, in einen Trampelpfad einzubiegen, der kurz darauf die Piste erreicht. Auf dieser halten wir uns rechts und laufen im Bogen durch den Barranco, an dessen Hängen in großer Zahl die Kandelaber-Wolfsmilch gedeiht. Auch ein auffallend schöner Drachenbaum ziert die Schlucht. Nach 1.20 Std. stehen wir am Rand der Siedlung **El Palmar.** In einer Linkskurve zweigt hier geradeaus erneut der alte Saumpfad ab. Auf ihm kann man bis zum Ende des Weilers weiterlaufen (1.30 Std.), um einen Blick in den angrenzenden tieferen Barranco El Palmar zu werfen. Der Camino setzt sich hier fort, ist jedoch im weiteren Verlauf stellenweise stark mit Brombeerranken zugewachsen, so daß zu empfehlen ist, an dieser Stelle umzukehren. Für den Rückweg nach **Garafía** wählen wir die selbe Route wie auf dem Hinweg (3 Std.).

Der eindrucksvollste Barranco

Von Don Pedro nach El Tablado

Eine der wildesten, unberührtesten Schluchten La Palmas ist der Barranco Fagundo, den ein alter Königsweg – in Serpentinen steil ab- und wieder aufsteigend – quert. Ziel ist El Tablado, ein sehr ursprünglicher Ort.

DIE WANDERUNG IN KÜRZE

++
Anspruch

5 Std.
Gehzeit

850 m
An-/Abstieg

Charakter: Gepflasterter Saumpfad, z. T. Feldwege und schmale Straßen; Abstecher zum Strand durch gerölliges Bachbett

Markierung: Weißes Kreuz in weißem Kreis

Ausrüstung: Badesachen

Einkehrmöglichkeiten: Einfache Bar in El Tablado

Anfahrt: Mit dem Pkw: Unweit östlich des Kulturzentrums La Zarza zweigt von der Landstraße Barlovento-Garafía eine beschilderte Straße nach Norden Richtung Don Pedro ab. Diese fährt man bis zu ihrem Ende im winzigen Ortskern von Don Pedro. Parkmöglichkeiten nahe der Dorfschule, einem auffälligen, zwei-

stöckigen Gebäude, das sich an einer kleinen, mit Blumen und Palmen geschmückten Plaza erhebt.
Mit dem Bus: Kein Linienbusanschluß! Man kann mit Linie 11 von Santa Cruz (Mo–Sa 2 x tägl.) bis zum Kulturzentrum La Zarza fahren und läuft dann auf der Straße nach Don Pedro (s. Anfahrtsbeschreibung für Autofahrer; ca. 7 km; 1.5 Std. zusätzliche Gehzeit pro Strecke). Wenn man nicht zurück nach La Zarza möchte, kann man auf dem Königsweg von El Tablado weiter nach Franceses laufen (der Markierung mit dem weißen Kreuz im weißen Kreis folgen, ca. 2.5–3 Std. ab El Tablado), wo Anschluß an Buslinie 11 besteht.

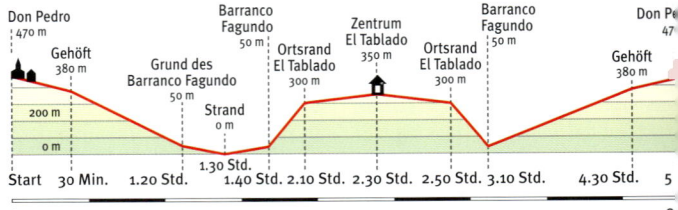

Don Pedro 470 m	Barranco Fagundo 50 m	Zentrum El Tablado 350 m	Barranco Fagundo 50 m	Don Pe 47		
Gehöft 380 m	Ortsrand El Tablado 300 m		Ortsrand El Tablado 300 m	Gehöft 380 m		
	Grund des Barranco Fagundo 50 m					
200 m	Strand 0 m					
0 m						

Start   30 Min.   1.20 Std.   1.30 Std.   1.40 Std.   2.10 Std.   2.30 Std.   2.50 Std.   3.10 Std.   4.30 Std.   5

0   9

In **Don Pedro** wenden wir uns von der **Schule** aus auf der Straße ca. 50 m zurück bis zum Südrand der kleinen, in dieser Richtung schmaler werdenden **Plaza.** Kurz bevor das Geländer endet, das den Platz zum nahegelegenen Barranco hin begrenzt, biegen wir abwärts in einen Treppenweg ein.

Eine **weiße Markierung** (ein Kreuz in einem Kreis und ein Pfeil) weist uns den Weg. Die Treppe geht bald in einen stark zugewachsenen Pfad über, der sich durch die teilweise noch erhaltene Pflasterung und zerfallene Stützmauern als alter Camino zu erkennen gibt. Im Talgrund treffen wir auf Terrassenfelder. Hier zweigen wir nicht rechts ab (!), sondern gehen geradeaus auf dem an dieser Stelle sehr stark zugewachsenen Pfad weiter, der uns an einer Mauer entlang abwärts und dann rechts durch ein Dickicht aus Fenchel und anderen hohen Kräutern aus dem Tal herausführt.

Bald erkennen wir, daß wir uns immer noch auf dem einstmals sorgfältig angelegten **Saumpfad** befinden, der im weiteren Verlauf auch nicht mehr so stark zugewachsen ist. Weitgehend höhenparallel führt er uns in eine weitere Talmulde, wo wir an einer Gabelung wiederum die weiße Markierung mit dem Kreuz in dem Kreis antreffen. Wir gehen auf der linken Spur höhenparallel weiter. Ein weiteres flaches Tal wird passiert, dann treffen wir auf einen Fahrweg (15 Min.). Auf diesem halten wir uns links. Nach 30 Min. kommen wir an ein **einsam gelegenes Gehöft,** neben dem sich ein paar Drachenbäume erheben. Davor zweigt links ein Feldweg Richtung Meer ab, den wir nicht beachten. Wir bleiben auf der breiteren Piste, die hier nach rechts schwenkt, und passieren weitere **verstreut stehende Häuser,** die teilweise als Wochenenddomizile genutzt werden.

Fünf Minuten später endet die Piste vor einem Haus. Wir gehen links an dem Gebäude vorbei und sehen dort eine Hinweistafel Richtung »Tablado«. Knapp 100 m weiter treffen wir auf eine auffällige Steinsäule, in die bei genauer Betrachtung ein mit Petroglyphen versehener Felsbrocken eingearbeitet ist. Der Platz rund um die Säule eignet sich hervorragend für eine Rast mit grandiosem Blick in den unmittelbar angrenzenden Barranco de Fagundo und auf die angrenzende Steilküste.

Steil geht es nun am Rand der Schlucht abwärts Richtung Meer. Wir sehen rechts eine weiße Markierung

Barranco Fagundo

am Wegrand, und bald darauf verengt sich der bislang breite Schotterweg zu einem schmaleren Pfad. Der Einstieg in diesen ist durch ein Steinmännchen gekennzeichnet. Vor einem Steilabbruch (Achtung!) schwenkt der Pfad nach rechts und geht in einen teilweise grob gepflasterten, steilen Serpentinenweg über, der uns an der Flanke des **Barranco de Fagundo** hinabführt. Der Grund des Barrancos ist nach 1.20 Std. erreicht.

Hier lohnt es sich ein wenig zu verweilen und in den angrenzenden Hängen herumzukraxeln, um die interessante Pflanzenwelt zu erkunden. Anschließend machen wir einen **Abstecher** durch den Talgrund Richtung Küste. Kurz vor Erreichen des Strandes versperrt eine praktisch unüberwindliche, ca. 10 m hohe Steilstufe den Weiterweg (1.30 Std.). An der rechten Felswand kann man zunächst über einen ins Gestein gehauenen Pfad und auf den unteren Metern über eine recht abenteuerliche Treppenkonstruktion aus Holz

hinunter zum Strand gelangen, doch dies sollte nur sehr erfahrenen, trittsicheren Wanderern vorbehalten bleiben.

Dann kehren wir zurück zum **Hauptweg** (1.40 Std.), dem wir, jetzt an der östlichen Flanke des Barrancos ansteigend, weiter folgen. Nach 2 Std. passieren wir ein **Ziegengatter.** Wenig später biegen wir um eine Rechtskurve und sehen die ersten Häuser unseres Wanderzieles. Wir passieren ein Schild, das die Grenze des Naturschutzgebietes Guelguén markiert. Noch einmal können wir nach rechts einen Blick in den Barranco de Fagundo werfen, dann entfernt sich der Weg von der Schlucht und erreicht nach 2.10 Std. das erste Haus von **El Tablado.**

Wenig später kommen wir an einem **Wasserbecken** vorbei und finden gleich dahinter eine Gabelung. Der Weg ist hier vorübergehend betoniert. Wir gehen links weiter, wo uns die bereits bekannte Markierung den Weg weist. Nach 2.15 Std. stehen wir an der Dorfstraße. Auf dieser wenden wir uns rechts, also aufwärts. Fünf Minuten später gabelt sich die Straße. Wir folgen der Beschilderung »Mirador El Topo« nach links. Die Straße geht in einen holprigen Fahrweg über, der nach rechts umbiegt. Hinter der Kurve finden wir rechter Hand eine Kneipe. Wenn wir noch ein Stück auf dem nun schmaler werdenden Weg weiterlaufen, können wir einen herrlichen Blick auf die am Meer gelegenen Häuser von La Fajana und die sich dahinter erstreckende Nordküste werfen (2.30 Std.). Der Rückweg nach **Don Pedro** entspricht dem Hinweg, nur auf den Abstecher zum Strand verzichten wir diesmal.

Durch Schluchten und Dörfer

Rundwanderung bei Barlovento

Diese abwechslungsreiche Tour führt im Norden La Palmas durch Bauernland und kleine Ortschaften, aber auch durch wildromantische Barrancos. Höhepunkt ist der Besuch des größten Drachenbaumhains der Insel.

DIE WANDERUNG IN KÜRZE

++
Anspruch

4.30 Std.
Gehzeit

500 m
An-/Abstieg

Charakter: Feldwege und alte Saumpfade; ein kurzer Streckenabschnitt führt auf steilem, schmalem Pfad abwärts durch dichtes Gebüsch.

Einkehrmöglichkeiten: Nur in Barlovento

Anfahrt: Mit dem Pkw: Barlovento liegt im Nordosten der Insel an der Landstraße, die Santa Cruz mit Garafía verbindet. Ausgangspunkt ist der obere Ortsrand von Barlovento, wo sich die Durchgangsstraße gabelt. Rechts geht es dort Richtung Garafía, geradeaus Richtung La Laguna. In der Nähe befinden sich zahlreiche Parkbuchten. **Mit dem Bus:** Linie 11 ab Santa Cruz, 2x tägl. außer So.

Wir folgen vom oberen Ortsrand von **Barlovento** der Straße Richtung La Laguna bergauf. Hinter den letzten Häusern finden wir noch vor der ersten Rechtskurve rechter Hand den Einstieg in einen **alten Karrenweg,** der die Straße kurz darauf nochmals quert und dann geradeaus durch Heidegebüsch weiterführt. Nach 5 Min. treffen wir erneut auf die Hauptstraße.

Links würden wir hinter der nächsten Kurve zum Hotel La Palma Romántica gelangen. Wir aber halten uns nun geradeaus auf einer asphaltierten Nebenstraße, passieren einen **Fußballplatz** und die Lagerhalle einer landwirtschaftlichen Genossenschaft (10 Min.). Über zwei Abzweigungen hinweg gehen wir geradeaus, bis wir die Landstraße fast

wieder erreicht haben. Etwa 30 m vor dieser biegen wir jedoch rechts in einen lehmigen Feldweg ein. Diesem folgen wir parallel zur Landstraße. Zwei Möglichkeiten, links zur Straße abzuzweigen, ignorieren wir. Hinter der zweiten Abzweigung entfernt sich der Feldweg allmählich von der Straße und hält auf den Friedhof von Barlovento zu, der an einer langen, fensterlosen, gestuften Mauer und roten Ziegeldächern zu erkennen ist.

Wir ignorieren eine Abzweigung nach rechts und biegen kurz darauf links ab, wo wir an eine Piste kommen, die uns direkt zum **Friedhof** führt (30 Min.). Die Anlage ist noch recht neu, und viele der in der Mauer in mehreren Lagen übereinander angebrachten Grabstätten sind noch leer. Dennoch lohnt ein kurzer Besuch. Anschließend wenden wir uns auf einem breiten Fahrweg, der schon zu Beginn der Friedhofsanlage links aufwärts abzweigt, in nordwestlicher Richtung weiter.

Wir lassen den Friedhof rechts hinter uns liegen und gehen stets auf der breiten Piste geradeaus; Abzweigungen zu beiden Seiten ignorieren wir. An einer weiteren **Lagerhalle** (40 Min.) gehen wir geradeaus auf einem Feldweg weiter. Von nun an begleitet uns als Markierung ein **weißes Spiralzeichen,** das hier und da auf Steinen am Wegrand angebracht ist. Wir umrunden den oberen Bereich eines Barrancos. Hier und da wurden an seinen Hängen Terrassenfelder angelegt, doch im wesentlichen ist er üppig mit Baumheide und Gagelbaum begrünt, unter die sich auch der eine oder andere Lorbeerbaum mischt. Sobald wir die Schlucht verlassen haben, gabelt sich der Weg (45 Min.). Wir gehen links und ignorieren wenige Meter weiter einen von links herabkommenden Feldweg. Vor uns sehen wir nun den größeren, an seiner Westseite dicht bewaldeten Barranco de la Vica.

Eine weitere Abzweigung nach rechts, noch am diesseitigen Talhang, beachten wir nicht. Stattdessen laufen wir höhenparallel weiter geradeaus. An einer **Gabelung** (1 Std.) führt rechts ein Weg bergab, den wir nicht beachten (vgl. aber unten). Wir halten uns links, wo es vorübergehend leicht aufwärts geht. Einen kurze Zeit später vor einer Rechtskurve im spitzen Winkel von links einmündenden Weg beachten wir nicht. Wir erreichen den mit Kastanienbäumen bewachsenen Grund des **Barrancos** (1.10 Std.), wo der Weg im spitzen Winkel nach rechts umknickt. Es geht nun steiler abwärts, und der Weg verengt sich bald. Als schmaler, bei Nässe recht rutschiger Pfad führt er in Serpentinen hinab zu einem **Wasserhaus** (1.20 Std.). Hier tritt eine Galería zu Tage, ein Wasserstollen, der ins Gebirge getrieben wurde, um Grundwasser zu sammeln. Das Wasser aus dem Stollen wird in einen betonierten und abgedeckten Kanal geleitet, der auf der rechten Talseite mit kaum merklichem Gefälle abwärts führt. Wir folgen ihm, wobei man sehr vorsichtig gehen sollte, denn die Abdeckplatten sind an einigen Stellen zerbrochen, und es besteht Einsturzgefahr! Zudem könnten an einigen Stellen leichte Schwindelgefühle auftreten, denn der Kanal ist recht schmal und der Hang auf der linken Seite zwar mit Gebüsch bestanden, doch recht abschüssig. Dafür entschädigt die wildromantische Atmosphäre auf diesem Abschnitt der Wanderung. (Wer nicht schwindelfrei ist, kann bereits nach 1 Gehstunde vom Hauptwanderweg rechts abwärts abzweigen – s. o.–, erreicht 10 Min. später den Wasser-

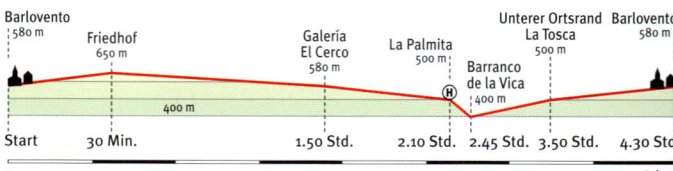

Barlovento
580 m

Friedhof
650 m

Galería
El Cerco
580 m

La Palmita
500 m

Unterer Ortsrand
La Tosca
500 m

Barlovento
580 m

Barranco
de la Vica
400 m

400 m

Start

30 Min.

1.50 Std.

2.10 Std. 2.45 Std. 3.50 Std. 4.30 Std.

0

8 km

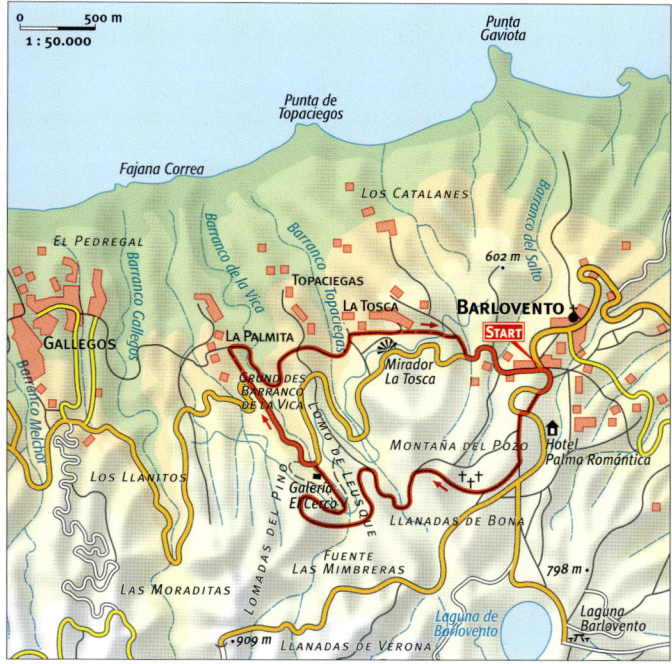

kanal von oben und geht dort gleich geradeaus weiter.)

Nach 1.40 Std. wird der Wasserkanal von einem hangabwärts verlaufenden, sehr zugewachsenen Weg gequert. Die Stelle ist daran zu erkennen, daß der Kanal vorübergehend unter dem Weg verschwindet. Hier gehen wir links, also bergab. (Hier trifft der Alternativweg – s. o. – von oben auf den Kanal.) Je nach Jahreszeit bleibt aufgrund des starken Bewuchses nur ein schmaler Pfad frei, auf dem es sich bewährt, lange Hosen zu tragen. Man geht zunächst parallel zum Wasserkanal, der einige Meter über uns verläuft, wieder zurück und dann rechts im Bogen abwärts.

Der nun folgende Wegabschnitt erfordert große Aufmerksamkeit, denn es besteht ständig Rutschge-

fahr! Wir passieren eine **Hausruine**, an der wir wieder das Spiralzeichen und einen Pfeil in Wanderrichtung finden. Kurz darauf erreichen wir ein weiteres, **größeres Wasserhaus** (1.50 Std.), wo die in den 50er Jahren gebaute, 3,5 km lange **Galería El Cerco** aus dem Berg heraustritt. Hier beginnt ein Fahrweg, dem wir talabwärts folgen.

Nach 2 Std. erreichen wir die **Landstraße** von Barlovento nach Garafía. Auf dieser gehen wir links. Nächster Orientierungspunkt ist eine **Bushaltestelle** mit Wartehäuschen (2.10 Std.). Hier verlassen wir die Straße nach rechts und steigen zum Weiler **La Palmita** ab. Die wenigen Häuser verteilen sich über einen Bergrücken, auf dem wir nun dem Meer entgegenlaufen. Die winzige Dorfstraße beschreibt einen Bogen nach rechts und anschließend eine scharfe Linkskurve. In der darauffolgenden Rechtskurve finden wir linker Hand eine mit »Camino Real de Gallegos« beschilderte Abzweigung. Diese beachten wir nicht.

Unmittelbar darunter gabelt sich die Dorfstraße. Hier gehen wir rechts, wohin uns ein weißer Pfeil und eine Spirale den Weg weisen. Bei einem Haus endet die Betondecke (2.30 Std.). Geradeaus führt ein recht zugewachsener Feldweg weiter, der schon nach wenigen Metern in einen alten, gepflasterten und mit Bruchsteinmauern abgestützten Camino übergeht. Auf diesem halten wir uns geradeaus. Einen schon kurz darauf im spitzen Winkel nach links abzweigenden Weg beachten wir nicht. Der Saumpfad führt uns nun wieder in den **Barranco de la Vica** hinein. Mit sanfter, kaum merklicher Steigung geht es an dessen Westflanke talaufwärts, während der Talgrund linker Hand tief unter uns liegt. Schon bald treffen wir auf ein **Gatter,** das wir, falls es verschlossen ist, auch so wieder hinterlassen. Wir passieren eine große **Höhlung** in der Felswand, die als Ziegenstall dient, und treffen an ihrem Ende auf ein **weiteres Gatter,** das wir ebenfalls verschlossen hinterlassen. Dann passieren wir eine **Holzpforte.**

Es geht nun bergab. Allmählich nähern wir uns dem Grund der Schlucht, den wir wenig später erreichen (2.45 Std.). Auf der anderen Talseite steigen wir dann steil aufwärts. Fünf Minuten später zweigt – noch im Hang – ein durch ein Steinmännchen markierter Pfad zu einer nur wenige Meter entfernten Aussichtsterrasse ab, die sich ausgezeichnet für eine Rast eignet. Hier bietet sich ein herrlicher Ausblick in den unteren Talbereich des Barran-

co de la Vica, der sich in engen Schleifen zum Meer hinabwindet. Anschließend wandern wir auf dem Hauptweg weiter aufwärts. Schließlich gelangen wir an eine **Betonpiste** (3 Std.), auf der wir links gehen. Schon nach ca. 30 m, noch vor der nächsten Linkskurve, verlassen wir die Piste nach rechts auf einem Fußweg, der die Fortsetzung unseres gepflasterten Saumpfads darstellt. Eine Abzweigung nach rechts zu einem Haus ignorieren wir. Der Weg führt nun in einen weiteren, **kleineren Barranco,** dessen oberen Teil wir auf dem Hinweg bereits kennengelernt haben.

Sobald wir den Barranco verlassen haben, geht der Saumpfad in einen betonierten Fahrweg über (3.20 Std.). Dieser mündet im Scheitelpunkt einer Kurve in einen weiteren Fahrweg, auf dem wir rechts aufwärts gehen. Gegenüber sehen wir schon unser nächstes Ziel, den Drachenbaumhain von La Tosca. Zuvor runden wir jedoch einen kleinen Taleinschnitt und treffen in einer Gabelung auf eine Wasserstelle, an der die Frauen aus dem nahegelegenen Ort früher ihre Wäsche wuschen. Hier gehen wir links. Unser Weg umrundet einen weiteren Taleinschnitt und gabelt sich dann direkt vor dem kleinen Ort.

Direkt über uns sehen wir bereits eine Gruppe von Drachenbäumen. Eine weitere, größere Ansammlung dieser eigentümlichen Pflanzen erblicken wir weiter unterhalb, wohin wir uns jetzt wenden, um den gesamten **»Wald« von Drachenbäumen** zu besichtigen. Der Fahrweg endet am unteren Rand des Weilers **La Tosca** (3.50 Std.). Von hier aus bietet sich noch einmal ein schönes Fotomotiv Richtung Küste. Wir halten anschließend auf der Dorfstraße wieder zurück und gehen diesmal an der Ga-

Im Barranco de la Vica

belung unterhalb der kleineren Gruppe von Drachenbäumen, wo wir uns zuvor abwärts gewendet hatten, links steil bergauf. In der nächsten Linkskurve finden wir rechts vor einem Haus die Fortsetzung unseres Caminos. Die Stelle ist an weißen Markierungen zu erkennen. Mit zunächst sanfter, dann aber zunehmender Steigung laufen wir an der Flanke eines Taleinschnitts aufwärts. Im oberen Bereich queren wir den Barranco, dann geht es weiter bergauf. Wir treffen auf einen Betonweg (4.10 Std.), auf dem wir rechts in wenigen Minuten zur Hauptstraße gelangen. Diese führt uns nach links zurück zu unserem Ausgangspunkt, dem oberen Ortsrand von **Barlovento** (4.30 Std.).

Der Drachenbaum

In der Übergangszone zwischen dem regenarmen Küstenbereich und der höhergelegenen, feuchten Waldregion gedeiht von Natur aus ein lichter, trockenheitsliebender Buschwald. Doch da es sich um das am dichtesten besiedelte und landwirtschaftlich am intensivsten genutzte Gebiet La Palmas handelt, ist die natürliche Vegetationsdecke nur noch an wenigen Stellen erhalten. Hier ist die Heimat des Drachenbaums, der fast völlig ausgerottet wurde, da er das sogenannte Drachenblut liefert. Diese harzige Ausscheidung wurde in vergangenen Jahrhunderten durch Einschnitte im Stamm gewonnen und als hochbegehrter roter Farbstoff in viele Länder exportiert. Die Bäume wurden durch die Ausblutung so stark beansprucht, daß sie früher oder später abstarben. Nirgendwo auf den Kanarischen Inseln gibt es allerdings noch immer so viele Drachenbäume wie im Norden und Nordwesten La Palmas. La Tosca besitzt mit etwa 20 Exemplaren gar den größten Drachenbaumhain der Kanaren. Bis in die jüngste Vergangenheit gab es im Ort viele Seilmacher, die aus den Blattfasern Stricke flochten und verkauften. Die verbliebenen Drachenbäume stehen heute unter Schutz.

Wälder, Felder, Blumen

Von Los Tilos nach Los Sauces

Eine kurze Schluchtwanderung steht am Beginn. Dann geht es steil aufwärts durch Lorbeerwald und auf aussichtsreichem Weg sanft hinab nach Los Sauces. Durch den Barranco del Agua gelangt man zurück nach Los Tilos.

DIE WANDERUNG IN KÜRZE

++
Anspruch

5 Std.
Gehzeit

700 m
An-/Abstieg

Charakter: Zunächst Schluchtwanderung durch wegloses Gelände, wo ein wenig Kletterei erforderlich ist (dieser Wegabschnitt kann weggelassen werden); steiler Anstieg auf bei Nässe rutschigem Pfad, im weiteren Verlauf Forstpisten und Feldwege sowie wenig befahrene Straßen

Einkehrmöglichkeiten: Restaurant/Bar Casa Demetrio in Los Tilos; mehrere Bars und Restaurants in Los Sauces

Anfahrt: Mit dem Pkw: Die Abzweigung nach Los Tilos befindet sich an der Landstraße von Santa Cruz nach Barlovento in einer weit ausgezogenen Straßenkurve südlich von Los Sauces. Eine Nebenstraße führt dort durch den Barranco del Agua 3 km aufwärts zum Parkplatz des Restaurants Casa Demetrio. (Alternativ dazu kann man auch unweit davon am Straßenende beim Forschungszentrum parken.)

Mit dem Bus: Wer mit dem Bus anreist, beginnt die Wanderung an der Abzweigung nach Los Tilos (s. o.) und beendet sie in Los Sauces. Man erspart sich so einen etwa 15minütigen Fußweg entlang der Hauptstraße. Die Wanderzeit verkürzt sich auf 4.45 Std. Hin- und Rückfahrt erfolgen mit Linie 16, die 3–9x tägl. zwischen Santa Cruz und Los Sauces verkehrt.

Wir wenden uns vom **Parkplatz** beim **Restaurant Casa Demetrio** in **Los Tilos** einige Schritte bergab, vorbei an Picknicktischen, die zu beiden Seiten der Straße aufgestellt wurden, und finden noch vor der nächsten Linkskurve den Einstieg in unseren Wanderweg. Dort quert ein offener Wasserkanal die Straße, auf dem wir rechts bis zu einem nahegelegenen Wasserbehälter gehen. Davor und dahinter führen Pfade in den Talgrund des **Barranco del Agua** hinab.

Wir laufen nun in dem meist **ausgetrockneten Bachbett** weiter aufwärts, das mit grobem Geröll übersät ist. Das Wasser wird weit oberhalb in den Kanal geleitet, um es für Bewässerungszwecke zu nutzen.

Rechts und links erheben sich überhängende Felswände, von denen es meist reichlich tropft. Sie sind üppig begrünt mit Moosen und Farnen, wobei unter letzteren vor allem der Wurzelnde Kettenfarn mit seinen riesigen Wedeln auffällt. Es handelt sich um den größten wildlebenden Farn der Kanarischen Inseln. Eine **niedrige Felsstufe** ist zu überwinden (10 Min.).

Vorübergehend wird die Schlucht recht eng. Dann gilt es, eine **weitere Felsstufe** zu überklettern (15 Min.). Oberhalb davon beginnt ein Talabschnitt mit besonders reichhaltiger Vegetation: Während die unteren Teile der Felswände weiterhin von Farnen und Moosen eingenommen werden, gedeihen weiter oben, wo es etwas mehr Licht gibt, die Bäume und Sträucher des Lorbeerwaldes. Nach 25 Min. verengt sich der Barranco del Agua wiederum, diesmal zu einer sehr engen Klamm. Hier scheint es vor einer Felsstufe nicht weiterzugehen. Doch schon wenige Meter vor der Stufe kann man rechter Hand eine **schmale Natursteintreppe** hinaufsteigen und die Barriere so umgehen (nur für trittsichere Wanderer geeignet! Im Zweifelsfall lieber hier umkehren und der weiteren Beschreibung ab Restaurant Casa Demetrio, s. S. 124, folgen).

Fünf Minuten später ist am **oberen Ausgang der Klamm** eine weitere Felsstufe zu überwinden. Nach diesem abenteuerlichen Wegstück geht es dann bequemer in dem nun wieder breiteren Talgrund weiter. Meterlange, dicke Efeugirlanden hängen hier von den Ästen der Lorbeerbäume bis fast zum Bachbett herunter. Man fühlt sich in einen tropischen Dschungel versetzt.

Der Abstecher in den oberen Barranco del Agua endet in einem **halbrunden Talkessel** (45 Min.) vor einer gut 20 m hohen Steilstufe. Sie ist für Wanderer unüberwindlich. Lediglich ein langer, dunkler Tunnel führt hier

Das Forschungszentrum Los Tilos

weiter. Ihn zu erkunden wäre etwas für Abenteurer, die eine Taschenlampe mitführen. Wir kehren zur Straße zurück. Auf ihr wenden wir uns bergauf, vorbei an der Einfahrt zum Restaurant Casa Demetrio zum **Centro de Investigación** (Forschungszentrum) von Los Tilos (1.15 Std.).

Die Straße beschreibt eine Schleife rund um das Gebäude und endet hier. Im Scheitelpunkt der Wendeschleife beginnt links neben dem dortigen **Picknickplatz** ein in langgezogenen Stufen aufwärts führender Fußweg. Dieser verläuft oberhalb des Forschungszentrums vorübergehend noch einmal hangparallel, um sich dann in steilen Serpentinen durch den Lorbeerwald aufwärts zu winden. Auf dem lehmigen Untergrund gilt es, bei feuchter Witterung wegen Rutschgefahr aufzupassen, Passagen, an denen der Hang am Wegrand abschüssig ist, sind jedoch durch Geländer gut gesichert. Sogar Sitzbänke wurden hier und da aufgestellt, die zum Verweilen locken.

Nach etwa 20 Min. Anstieg geht es vorübergehend etwas bergab, dann wieder steil und kräftezehrend aufwärts. Der Wald lichtet sich immer mehr, und nach 2.10 Std. Gehzeit stehen wir am **Mirador de las Barandas,** der einen wunderschönen Blick hinab nach Los Sauces und in den Barranco del Agua erlaubt. Hier gibt es Picknicktische und Bänke, und bei sonnigem Wetter spendet ein luftiger Unterstand Schatten. Auch bei Regen findet man willkommene Zuflucht.

Nachdem wir den Blick ausgiebig genossen haben, wenden wir uns auf dem hier beginnenden breiten Waldweg abwärts und erreichen 5 Min. später eine Forstpiste, auf der wir rechts gehen. In zahlreichen Windungen laufen wir nun zügig, aber nicht allzu steil bergab.

Der Lorbeerwald wurde inzwischen durch den trockenheitsliebenderen sogenannten Fayal-Brezal abgelöst, eine Pflanzenformation, in der Gagelbäume und die im Frühjahr weiß blühende Baumheide dominieren. Eine Tafel am Wegrand besagt, daß wir den Naturpark Las Nieves verlassen (2.20 Std.). Schmalere, hier und da abzweigende Wege bleiben unbeachtet. Immer wieder ergeben sich schöne Ausblicke hinab zur Küstenlandschaft nördlich von Los Sauces. Nach 2.45 Std. sehen wir rechter Hand in einer Talmulde erste Terrassenfelder. Doch im wesentlichen wird das Gelände ringsum forstwirtschaftlich genutzt. Später wird die Piste zum Hohlweg und führt vorübergehend steil bergab.

Am Ende der Hohlwegpassage lassen wir uns nicht durch eine gepflasterte, von Mauern gesäumte Rinne irritieren, sondern laufen im

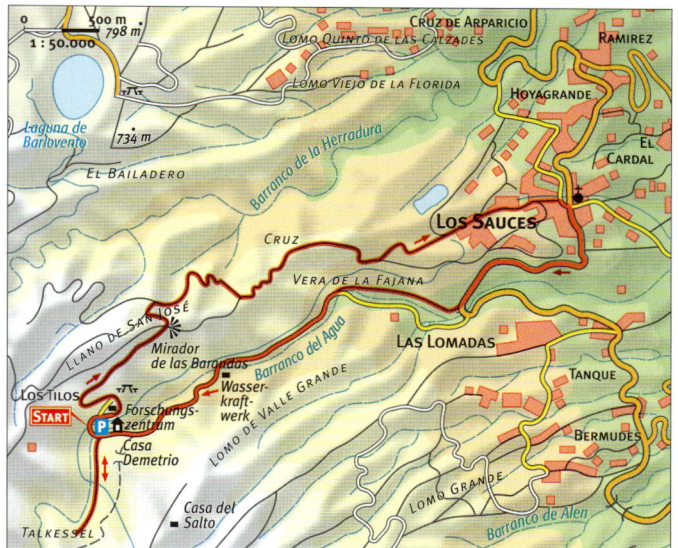

Bogen nach links auf der Piste weiter. Diese berührt die Rinne nach der nächsten Kurve noch einmal, um sich dann wieder von ihr zu entfernen.

Kurz darauf erreichen wir eine kleine **Plantage,** in der Cherimoyas, Orangen und Loquats (Japanische Mispeln) gedeihen. Hinter der nächsten Biegung fällt der Blick links auf das nun schon deutlich nähergerückte Ortszentrum von Los Sauces und auf ein großes Staubecken, das zweitgrößte der Insel. Nach 3.10 Std. sehen wir rechter Hand bei einem großen Strommasten einen **gemauerten Aussichtsbalkon,** von dem aus wir einen spektakulären Blick in den unteren Teil des Barranco del Agua, der landwirtschaftlich genutzt wird, genießen.

Hier können wir bereits einen Teil des Wegs überblicken, auf dem wir später nach Los Tilos zurückkehren werden. Zunächst laufen wir jedoch auf der Piste weiter und kommen 5 Min. später im Scheitelpunkt einer Kurve an eine schmale Straße. Hier halten wir uns links und sehen jetzt direkt vor uns den Leuchtturm an der Punta Cumplida, der Nordostspitze La Palmas. Hinter der nächsten Wegbiegung kommt Los Sauces mit seinen weißen, kubischen, ineinander verschachtelten Häusern wieder in Sicht.

Vor allem in den Frühjahrsmonaten ist der blumengeschmückte Straßenrand eine Augenweide. Rechts und links dehnen sich Terrassenfelder aus, die mit Kartoffeln

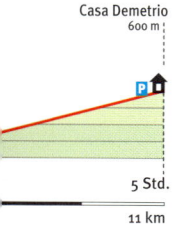

Casa Demetrio
600 m

P

5 Std.

11 km

125

Los Sauces ist Ziel unserer Wanderung

und verschiedenen Gemüsesorten bestellt sind.

Nach 3.30 Std. sehen wir rechts eine kleine **Plaza** mit Bänken, Laternen und einer Palme in der Mitte. Eine Metalltreppe führt hinauf zu einem Aquädukt, das als Aussichtsbalkon gestaltet wurde. Wir befinden uns bereits am Ortsrand von **Los Sauces** und können nochmals die gesamte Stadt überblicken. (Vorsicht, das Geländer des in luftiger

Höhe schwebenden Aussichtsbalkons ist sehr niedrig!) Fünf Minuten später gabelt sich die Straße. Wir gehen rechts, auf eine auffallend hohe Palme zuhaltend. Der nun folgende Straßenzug, der steil abwärts führt, wird von schmuck restaurierten Stadthäusern gesäumt.

Nach 3.50 Std. stehen wir an der zentralen **Plaza von Los Sauces,** deren oberer Teil rund um einen Springbrunnen als idyllische Gartenanlage gestaltet wurde. In der Nähe finden wir mehrere Cafés und Bars. Nach einer wohlverdienten Pause wenden wir uns auf der Durchgangsstraße in südlicher Richtung. Am besten hält man sich zunächst auf der linken Straßenseite, wo man einen Bürgersteig findet. Nach 4 Std. treffen wir am Ortsrand auf einen **gemauerten Aussichtsbalkon,** von wo wir bereits in den Barranco del Agua hineinschauen können, durch den wir gleich wandern werden.

Zunächst müssen wir jedoch der Straße ein Stück folgen, die zum Glück nicht allzu dicht befahren ist. Dennoch gilt es, in Kurven aufzupassen, denn der Randstreifen ist schmal. Nach 4.10 Std. ist die **Straßenbrücke** über den Barranco del Agua erreicht, hinter der sich die Abzweigung nach Los Tilos befindet. Wir gehen jedoch nicht über die Brücke hinüber, sondern biegen schon vorher bei einer kleinen Bananenplantage rechts in einen Weg ein, der scheinbar nach wenigen Metern endet. Er knickt aber, von der Straße unsichtbar, scharf nach rechts um und führt zugleich steil aufwärts.

Nach einer weiteren Biegung führt er parallel zum Talgrund, allerdings schon ein gutes Stück über diesem, durch Plantagenland, wo Bananen und Avocados gedeihen. Der alte Saumpfad ist stellenweise gepflastert und von Mauern eingerahmt, daher nicht zu verfehlen. Bald geht es am Rand einer Bananenplantage steil aufwärts. An deren oberem Rand gabelt sich der Weg. Wir halten uns links, weiter der Flanke des Agua-Tals folgend. Der Weg verläuft nun unterhalb einer **Steilwand,** in der sich einige natürliche Höhlen befinden, die zeitweise als Ziegenstäl-

le genutzt werden. Nachdem wir kurze Zeit durch Ödland gewandert sind, kommen wir wieder zu Bananenplantagen und passieren die Trasse einer kleinen Materialseilbahn, mit deren Hilfe geerntetes Obst zur Straße auf der anderen Barranco-Seite transportiert wird. Linker Hand kommt eine Brücke in Sicht, auf der die Straße nach Los Tilos den **Barranco del Agua** überquert, um auf der diesseitigen Talseite weiter aufwärts zu verlaufen. In diese mündet unser Weg nach 4.30 Std. Auf der wenig befahrenen Straße laufen wir nun talaufwärts.

Für das Wandern auf der Asphaltdecke entschädigt die üppige Vegetation am Straßenrand mit attraktiven Blütenpflanzen und subtropischen Obstbäumen. Besonders schön ist diese Wegstrecke um die Osterzeit, wenn die riesigen gelben Blütenstände der Gänsedisteln erscheinen. Zur Linken blicken wir immer wieder in die tiefe Schlucht, die sich der Barranco del Agua hier geschaffen hat. Allmählich wird das terrassierte Ackerland durch Wald abgelöst.

Die Straße quert den **Talgrund** abermals und passiert kurz darauf das kleine **Wasserkraftwerk Salto del Mulato** (4.45 Std.). Rundum erstreckt sich eine Pflanzung von Eßkastanien, die im Winter ihr Laub abwerfen. Erst im April erscheinen die jungen Blätter. Im Schatten der Kastanienbäume haben Einheimische ein paar Wochenendhäuser errichtet. Dann ist es nicht mehr weit bis zum Biosphärenreservat von Los Tilos, das sich durch Parkbuchten zu beiden Seiten der Straße ankündigt. Unser Ausgangspunkt, der **Parkplatz** an der **Casa Demetrio,** ist nach 5 Std. erreicht.

Zu ergiebigen Quellen

Von Los Tilos nach Marcos y Cordero

Undurchdringliche Lorbeerwälder überziehen Schluchten und Bergrücken bei Los Tilos. Aus diesem feuchten Dschungel steigt man durch die Schlucht des Barranco del Agua hinauf ins Quellgebiet von Marcos y Cordero.

DIE WANDERUNG IN KÜRZE

+++
Anspruch

7.30 Std.
Gehzeit

950 m
An-/Abstieg

Charakter: Sehr anstrengend; zunächst auf gut ausgebautem Wanderweg, später weglos durch ein ausgetrocknetes Bachbett, wo die Orientierung erschwert ist; zuletzt entlang eines Wasserkanals mit Tunneldurchquerung.

Ausrüstung: Taschenlampe.

Einkehrmöglichkeiten: Nur in Los Tilos (Restaurant Casa Demetrio)

Anfahrt: Mit dem Pkw: Von Santa Cruz Richtung Los Sauces. Kurz vor Los Sauces, wo die Straße im Barranco del Agua eine enge Kurve beschreibt, zweigt links eine Nebenstraße nach Los Tilos ab. Auf dieser passiert man das Wasserkraftwerk Salto del Mulato und findet nach insgesamt ca. 3 km Parkbuchten beidseitig der Straße. Links zweigt hier steil aufwärts ein breiter Weg ab, der durch eine Kette für Autos versperrt ist. Eine Holztafel weist darauf hin, daß an dieser Stelle das Gelände der Reserva de la Biósfera beginnt. **Mit dem Bus:** Linie 16 ab Santa Cruz, 3–9 x tägl., bis zur Abzweigung im Barranco del Agua; dann ca. 3 km zu Fuß (Tourenbeschreibung 24 ab Straßenbrücke folgen, s. S. 127, pro Strecke 40–50 Min. zusätzliche Gehzeit).

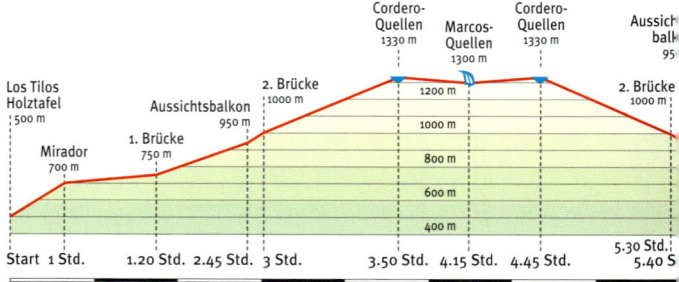

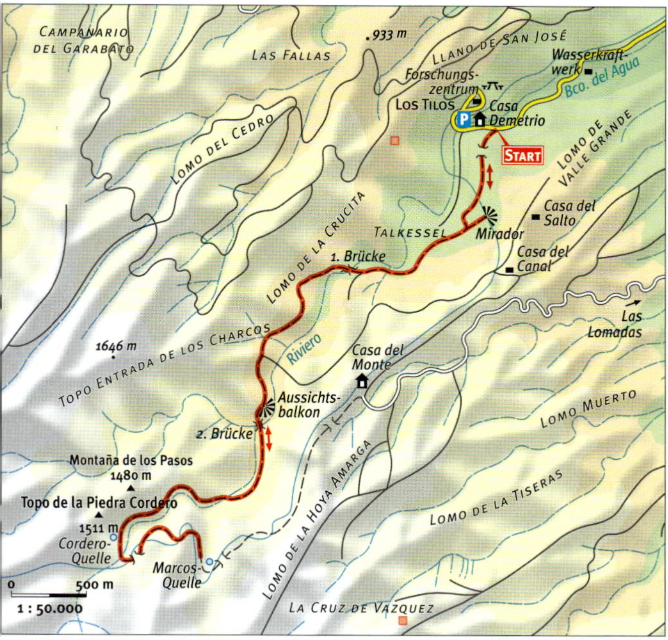

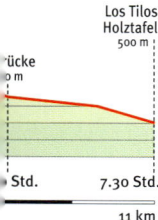

Von unserem **Parkplatz** am Straßenrand folgen wir zu Fuß dem breiten, bei der Holztafel abzweigenden Waldweg bergauf und durchschreiten schon bald einen **kurzen Tunnel.** Gleich dahinter befindet sich eine kleine Baumschule der Forstverwaltung (10 Min.). Geradeaus geht es mit etwas verminderter Steigung weiter. Der Weg hält sich stets an der

südlichen Talflanke des Barranco del Agua, der unter einem grünen Blätterdach verborgen ist. Typische Gewächse des Lorbeerwaldes säumen den Weg. Einige davon wurden von der Forstverwaltung ausgepflanzt, um die natürliche Vegetation im Bereich des Biosphärenreservats zu regenerieren. Nach 20 Min. passieren wir eine Gruppe des **Stinklorbeers** (s. u.). Dann kommt links des Wegs eine betonierte Wasserleitung in Sicht. Kurz darauf sehen wir eine **Wettermeßhütte,** die inmitten einer weiteren, größeren Gruppe von Stinklorbeerbäumen errichtet wurde. Wir passieren ein **Pumpenhaus** (35 Min.). Von nun an geht es in einigen Windungen wieder steiler bergan. Im weiteren Wegverlauf ergeben sich tiefe Einblicke bis zum Grund des Barranco del Agua. Nach 50 Gehminuten steht man auf einem

129

Sattel. Rechts und links fallen die Hänge steil ab; sie sind jedoch dicht bewaldet, so daß keine Schwindelgefahr besteht. An dieser Stelle zweigen links zwei Pfade ab. Wir wählen den ersten, der schon zu Beginn des Sattels in Form von Treppenstufen im spitzen Winkel aufwärts führt.

Der Pfad verläuft auf einem immer schmaler werdenden **Felskamm,** ist aber an schwierigen Stellen durch Holzgeländer gesichert. An der äußersten Spitze des Felsgrats wurde eine **Klimameßstation** errichtet. Hier lichtet sich der Wald, und es bietet sich ein hervorragender Ausblick über das gesamte Gebiet von Los Tilos. Ein paar steile Felsstufen führen zu dem **Mirador** hinauf (1 Std.), der in schwindelerregender Höhe über dem Barranco del Agua liegt. Eine völlig andere Vegetation wächst auf diesem trockenen, sonnenexponierten Punkt: Baumheide, Gagelbaum und die seltene Honig-Wolfsmilch haben die schattenliebenden Pflanzen des Lorbeerwaldes abgelöst.

Wir kehren zurück zu dem Sattel und gehen auf dem breiten Waldweg weiter bergauf. Wenige Minuten später erweitert sich die Felswand links des Wegs zu einem kleinen Talkessel, der über und über mit riesigen Wedeln des Wurzelnden Kettenfarns bewachsen ist – ein eindrucksvolles Fotomotiv. Ein noch höherer, zweistufiger Felskessel kommt hinter der folgenden Kurve in Sicht. Ständig tropft hier Wasser herunter und sammelt sich in einem Tümpel. Ohne größere Steigungen geht es immer tiefer in den **Barranco del Agua** hinein. Ein unscheinbarer Trampelpfad, der zur Rechten abzweigt, bleibt unbeachtet.

Kurz darauf, nach 1.20 Std. Gehzeit, stehen wir an einer weiteren Abzweigung, wo rechts ein schmalerer Weg steil abwärts ins Bachbett hinunterführt. An seinem Beginn wurde aus haftungsrechtlichen Gründen eine Warntafel der Gemeinde San Andrés y Sauces aufgestellt, die dem Benutzer des Weges nahelegt, vorher eine Nachricht zu hinterlassen, wo er wandert. Das Begehen des nun folgenden Wegabschnitts geschieht auf eigene Gefahr. Hier gehen wir hinunter und überqueren die Schlucht auf einer **Holzbrücke.** Auf der anderen Talseite geht es dann auf einem gut ausgebauten Fußweg weiter. Den Barranco del Agua zur Linken wandern wir am Hang aufwärts. Nach 1.45 Std. läßt die Steigung vorübergehend etwas nach, und wir passieren kurz darauf das in der Regel ausgetrocknete, felsige Bachbett eines steilen Seitentals. Dann geht es wieder steil bergauf. Nach 2.15 Std. beginnt Fayal-Brezal den Lorbeerwald abzulösen.

Wir passieren einen schmalen **Schutthang** (2.30 Std.), wo der Weg vorübergehend etwas schmaler wird. Für erfahrene Wanderer stellt dies jedoch kein Problem dar. Gleiches gilt für zwei weitere Schutthänge, die wir wenige Minuten später überqueren. Der Weg verläuft nun vorübergehend sanft bergab und trifft nach 2.45 Std. auf einen mit einem Geländer gesicherten **Aussichtsbalkon,** wo man den Blick hinab in den Barranco del Agua und hinauf in das Quellgebiet Marcos y Cordero genießen kann. Kiefernwald beginnt nun allmählich den Fayal-Brezal abzulösen. Vorübergehend geht es fast höhenparallel weiter. Zehn Minuten später beginnt unsere Route wieder steil anzusteigen. Hier zweigt links ein mit Ästen verbarrikadierter, ebenfalls recht breiter Weg ab, den wir nicht beachten.

Nach 3 Std. kommen wir an eine **zweite Holzbrücke,** auf der wir wiederum das geröllige Bachbett des Barranco del Agua queren. Kurz darauf stehen wir direkt im Bachbett, durch das wir – Steinmännchen folgend – weiter aufsteigen. Der Weg, der rechts wieder aus dem Bachbett herausführt, ist durch einen Ast verbarrikadiert und damit nicht benutzbar. Wir steigen also im Bachbett über grobes Geröll aufwärts. Unübersichtliche Passagen sind immer wieder durch Steinmännchen markiert. Nach 3.10 Std. sehen wir vor uns einen **roten Balken** auf einem Felsblock inmitten des Bachbetts. Er deutet uns an, daß wir hier nicht weitergehen sollen.

Stattdessen folgen wir rechts aufwärts den Steinmännchen, die den Einstieg in einen Treppenweg markieren. Dieser umgeht eine Felsstufe im Bachbett. Schon nach wenigen Minuten nähert sich der Pfad wieder dem **Talgrund** und gabelt sich in dessen Nähe. Wir steigen links zum Bachbett hinunter und folgen diesem weiter aufwärts. Nach 3.30 Std. mündet von rechts der (verbarrikadierte) Weg, den wir zuvor nicht beachtet hatten. Wir folgen ihm nun im weiteren Verlauf aufwärts, links aus dem Bachbett heraus, wo Steinmännchen den Weg weisen. Vorübergehend sehr steil und in engen Serpentinen, dann wieder gemächlicher geht es dann den Talhang hinauf. Fünf Minuten später stehen wir wieder im Bachbett, das wir diagonal überqueren. Auf der anderen Seite setzt sich der Weg, durch Steinmännchen markiert, fort. Kurze Zeit später erreichen wir erneut das Bachbett und queren es noch einmal.

Dieses Wegstück ist nicht ganz einfach zu bewältigen, denn es sind

Auf dem Weg zur Wetterhütte bei Los Tilos

grobe Gesteinsblöcke zu überklettern. Direkt gegenüber finden wir den Weg wieder. Nach 3.45 Std. Gehzeit tritt von rechts unten ein weiterer Weg hinzu, den wir nicht beachten. Wir steigen geradeaus bergauf. Das Rauschen der **Cordero-Quellen** ist nun bereits zu vernehmen, und 5 Min. darauf stehen wir am ersten Ziel unserer Wanderung. Nach einer verdienten Pause halten wir uns an dem Kanal, in den sich das Wasser der Cordero-Quellen ergießt, praktisch höhenparallel nach links. Fünf Minuten später kommen wir an einen Tunnel, der, obwohl der Tunnelausgang an der anderen Seite zu sehen ist, nicht ohne Taschenlampe passiert werden kann, da er recht lang ist. Dabei gilt es, auf hervorstehende Teile der Felswand zur Linken acht zu geben, denn der Weg ist recht schmal. Nach ca. 4.10 Std. muß man auf eine Abzweigung zur Linken achten, wo wir den Wasserkanal auf einem zu Beginn befestigten und von einer Bruchsteinmauer abgestützten Weg verlassen. Unter uns hören wir bereits das Rauschen der Marcos-Quellen. Ein kurzer aber steiler Abstieg bringt uns in einen benachbarten **Talkessel.** Über eine Felstreppe gelangen wir abwärts zu den **Marcos-Wasserfällen,** die sich eine steile Felswand hinab in den Kanal ergießen (4.15 Std.). Wir nehmen den gleichen Weg zurück und kommen nach 7.30 Std. wieder an der **Holztafel bei Los Tilos** an.

Lorbeerwald

Der dichte, immergrüne Lorbeerwald ist in seiner vollen Ausprägung nur am feuchten Nordabhang La Palmas zwischen ca. 500 und 1500 m Höhe zu finden. Vier Baumarten aus der Familie der Lorbeerblattgewächse sind für ihn charakteristisch: Der Azoren-Lorbeer ist ein enger Verwandter des Gewürzlorbeers, seine Blätter duften aber nicht so intensiv. Die relativ großen Blätter des Madeira-Mahagoni färben sich im Frühsommer rötlich. Er trägt viel kleinere Früchte als sein naher Verwandter, der Avocado-Baum aus Südamerika. Fast nur noch auf La Palma anzutreffen ist der Stinklorbeer (s. 14f.). Er bildet im Gebiet von Los Tilos imposante Hochwaldbestände. Mehr Trockenheit verträgt der Kanarische Lorbeer, der einst als »kanarisches Ebenholz« exportiert wurde. Große Blätter sind charakteristisch für die Kräuter und Sträucher, die im Schatten des Kronendachs überleben. Die Blüten sind hingegen meist recht unscheinbar.

Recht häufig kommt die Maulbeerblättrige Brennessel vor, deren Berührung Wanderer besser vermeiden. Lianen klettern die Baumstämme hinauf, um dem Sonnenlicht näherzukommen, darunter die mit dem Mäusedorn verwandte Zwittrige Semele mit cremefarbenen Blüten und roten Früchten. An lichteren Stellen gedeiht die Hierro-Gänsedistel, ein attraktiver, gelb blühender Korbblütler mit kräftigen, gefiederten Blättern, und der violett blühende Kanarische Storchschnabel.

Farne, Moose und Pilze sind im immerfeuchten Lorbeerwald in großer Zahl vertreten und wachsen dort häufig auch epiphytisch auf den Bäumen. Besonders auffällig ist der Wurzelnde Kettenfarn, der größte Farn der Kanaren, dessen Wedel bis zu 3 m lang werden können. An Quellen und feuchten Felswänden sieht man die filigranen Fiedern des Frauenhaarfarns. Besondere Gesetze gelten an Felshängen. Steile Felsen, an denen die Wasserversorgung nicht immer gewährleistet ist, werden vorwiegend von rosettenförmigen, wasserspeichernden Dickblattgewächsen der Gattung Aeonium besiedelt, die es auf den Kanarischen Inseln zu einer erstaunlichen Formenvielfalt gebracht haben.

Abenteuer im Wasserkanal

Von der Casa del Monte nach Marcos y Cordero

Insgesamt 13 Tunnels sind zu passieren, wenn man von der Casa del Monte in das Quellgebiet von Marcos y Cordero wandert. Dafür entschädigen herrliche Ausblicke, sprudelnde Fontänen und eine unberührte Natur.

DIE WANDERUNG IN KÜRZE

++
Anspruch

Charakter: Stellenweise schwindelregender Pfad entlang eines Wasserkanals; recht abenteuerliche Tunneldurchquerungen.

4 Std.
Gehzeit

Ausrüstung: Taschenlampe; da in einem der Tunnels Wasser aus der Felswand spritzt, Regenkleidung.

50 m
An-/Abstieg

Anfahrt: Mit dem Pkw: Ab Las Lomadas, einem kleinen Ort südlich von Los Sauces, an der Landstraße von Santa Cruz nach Barlovento. Dort zweigt eine beschilderte Nebenstraße Richtung Casa del Monte/ Nacientes Marcos y Cordero nach links ab. Auch alle weiteren Abzweigungen sind ausgeschildert. Nach

ca. 2 km wird die Straße zur Piste, die bei trockener Witterung mit dem Pkw gerade eben noch zu bewältigen ist. Nach Regenfällen besser verzichten! Die Piste endet nach insgesamt 12 km (ca. 45 Min. ab Hauptstraße) an der Casa del Monte mit Parkmöglichkeit. **Mit dem Bus:** Linie 16, ab Santa Cruz 3–9 x tägl., bis Las Lomadas. Ein Fußweg verkürzt einige Pistenkurven. Zusätzliche Gehzeit hin und zurück ca. 6 Std., zusätzlicher An-/ Abstieg ca. 1050 m. Oder am Taxistand von Los Sauces (Tel. 922 45 09 28) nach einem Fahrer mit Geländewagen fragen.

Von dem **Platz,** an dem wir unser Auto abgestellt haben, führt ein etwa 100 m langer Abstecher auf einem breiten Weg rechts abwärts, dem Kanal in Fließrichtung folgend, zur **Casa del Monte,** einem in der Regel geschlossenen Haus, das den Kanalwärtern als Unterkunft dient. Anschließend wenden wir uns an dem Kanal wieder aufwärts und folgen ihm nun entgegen der Fließrichtung auf einem breiten, mit Kiefernnadeln bedeckten Fußweg, der parallel zu der betonierten Wasserrinne verläuft. Bald lichtet sich der Wald und der Kanal verschwindet im Fels. Wir laufen auf dem jetzt schmaleren Pfad weiter, der unterhalb einer **Felswand** an einem steilen, mit losem Gesteinsschutt bedeckten Hang verläuft. Hier gilt es, ein wenig aufzupassen, denn es besteht Rutsch- und Absturzgefahr. Nach 10 Min. stehen wir an einem **ersten Tunnel,** wo wir

133

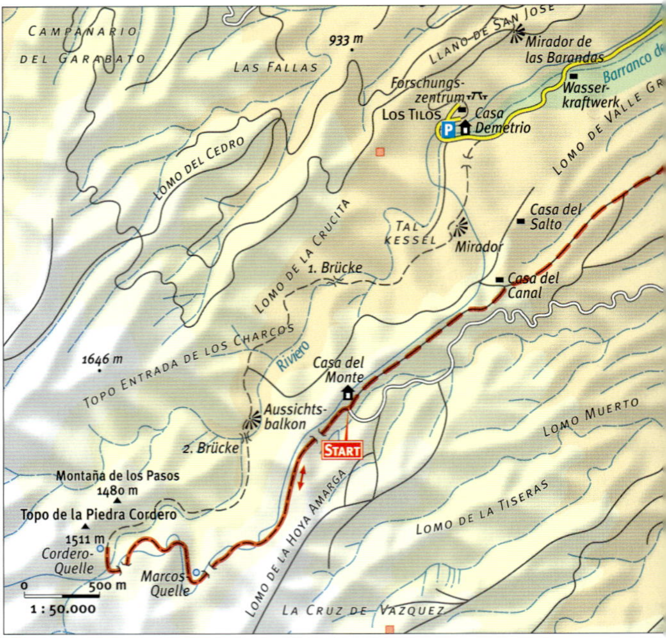

den hier abgedeckten Wasserkanal wiedertreffen. Man benötigt eine Taschenlampe, um ihn zu durchqueren. Wir laufen zunächst auf der Abdeckung des Kanals, um dann nach einigen Metern rechts neben der Rinne ein paar Treppenstufen hinunterzusteigen (Vorsicht, die Tunneldecke ist an dieser Stelle recht niedrig!).

Der Tunnel ist bald durchquert, und es geht auf dem nun wieder bequemen Weg immer tiefer in ein Tal hinein. Zistrosen und die ginsterähnliche Vielblättrige Drüsenfrucht, die im Frühjahr kräftig violett bzw. gelb blühen, säumen die Route, außerdem gedeihen hier Kanarische Kiefer, Baumheide und Gagelbaum. Ein **zweiter Tunnel** ist nach ca. 25 Min. erreicht. Auch jetzt lohnt es sich wieder, die Taschenlampe einzuschalten, obwohl dieser wesentlich kürzer als der vorherige ist. Wieder folgen einige Passagen, auf denen eine gewisse Schwindelfreiheit unabdingbar ist. Gegebenenfalls kann man hier aber auf der Mauer

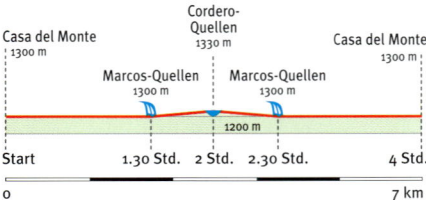

eine schmale Schlucht auf einer Betonbrücke. Der Weg, der neben dem Kanal verläuft, ist teilweise abgebrochen und macht keinen vertrauenerweckenden Eindruck. Es empfiehlt sich daher, die Schlucht auf der Mauer des Wasserkanals zu überqueren. Der **fünfte Tunnel** folgt bald darauf. Auch hier ist der Weg stellenweise wieder recht eng, und es gilt aufzupassen, sich nicht an hervorstehenden Teilen der Felswand zu verletzen.

Tunnel Nr. 6, der gleich darauf folgt, ist hingegen wieder leichter zu passieren. **Tunnel Nr. 7** (1 Std.) ist nur wenige Meter lang und kann ohne Taschenlampe durchquert werden. Gleiches gilt für den **achten Tunnel,** der 5 Min. später erreicht ist. Wenig später kommen wir dann zum **neunten Tunnel,** der nur unwesentlich länger ist als die beiden vorhergehenden. Allerdings befindet sich in seinem Mittelteil eine sehr enge Stelle, wo man den Weg verlassen und auf der Mauer des Kanals weiterlaufen sollte. Nach 1.10 Std. stehen wir vor einem **betonierten Wasserbecken.** Unser Weg führt auf der Mauer zwischen dem Becken und dem Kanal weiter. Dann sehen wir auf der jenseitigen Talseite bereits die Marcos-Quellen, das erste Ziel unserer Wanderung.

Um dorthin zu gelangen, folgen wir dem **Wasserkanal** weiter und umrunden einen Talschluß, wo wir einen **zehnten und elften Tunnel** durchqueren. Beide sind stark gewunden und daher nicht ohne Taschenlampe passierbar. Die Quellen sind nun schon recht nahegerückt, doch noch ein **zwölfter Tunnel** ist zu passieren, vor dem wir eine Ansammlung von Plastiktüten und -planen sehen. Hierbei handelt es sich nicht um achtlos weggeworfenen

des Kanals oder sogar in seinem nicht allzu tiefen Bett weiterlaufen. Immer wieder lohnt ein Blick auf die Felswand zur Linken, wo eine interessante Flora aus Dickblattgewächsen (Aeonium, Greenovia) gedeiht. Dazu gesellen sich an feuchteren Stellen Farne, Moosfarn (Selaginella) und Moose.

Einen **dritten Tunnel** erreichen wir nach 30 Min. Links davor befindet sich an der Felswand ein Standort des Kanarenstendels, einer Orchideenart. Dieser Tunnel ist etwas länger als die vorhergehenden, und stellenweise sind tiefe Pfützen zu durchqueren. Auch ist der Weg an einigen Stellen recht schmal, so daß man auf Vorsprünge in der Felswand zur Rechten achtgeben muß. Unmittelbar darauf folgt schon der **vierte,** allerdings **recht kurze Tunnel** (45 Min.). Wenig später quert der Kanal

Wasserkanal zwischen Marcos und Casa del Monte

Müll, sondern Wanderer und Kanalarbeiter haben sie zurückgelassen, damit sich auch Nachfolgende gegen das reichlich aus der Tunneldecke tropfende Wasser schützen können. Gegen Ende der Röhre spritzt sogar eine regelrechte Dusche aus der Wand. Es empfiehlt sich daher, vor dem Passieren des Tunnel Regenkleidung anzulegen.

Dann sind die **Marcos-Quellen** (1.30 Std.) erreicht. Der Weg steigt an und führt unmittelbar neben den kräftig sprudelnden Fontänen vorbei. Nach Passieren der Quellen geht es neben dem hier steil abwärts schießenden Wasser des Kanals auf einer Felstreppe steil bergan. Bald verschwindet der Kanal, und ein steiler Pfad führt uns weiter aufwärts. Nach kurzem aber anstrengendem Aufstieg finden wir den Kanal wieder (1.40 Std.) und folgen ihm weiter entgegen der Fließrichtung. Fünf Minuten später folgt noch ein **Tunnel,** der dreizehnte. Zwar ist der Ausgang bereits von weitem zu erkennen, da die Röhre recht gradlinig verläuft, doch wird man dennoch nicht ohne Benutzung der Taschenlampe auskommen, da dieser Tunnel recht lang ist. Ein weiterer Talschluß wird nun erwandert. Gegen Ende des Kanals ist der Weg stellenweise ausgesetzt, und man muß auf der Mauer weiterlaufen, was aber keine größeren Probleme bereitet. Schließlich sind nach 2 Std. die **Cordero-Quellen** erreicht, die sich aus dem Fuß einer steil aufragenden Felswand ergießen. Dies ist ein idyllischer Platz, an dem es sich lohnt, eine Pause einzulegen, bevor der Rückweg zur **Casa del Monte** auf derselben Strecke angegangen wird.

Spaziergang im Lorbeerwald

In den Cubo de la Galga

Einmal im Jahr feiern die Bewohner von La Galga im idyllischen Talkessel des Cubo ein rauschendes Fest mit Picknick, Tanz und Gesang. Wasser rinnt von allen Seiten die Felswände herab, riesige Farne bedecken den Boden. Durch schattigen Lorbeerwald geht es über den Cubo hinaus zu einem großartigen Mirador.

DIE WANDERUNG IN KÜRZE

++
Anspruch

3 Std.
Gehzeit

400 m
An-/Abstieg

Charakter: Breiter Waldweg

Einkehrmöglichkeiten: Restaurant Casa Asterio in La Galga (an der Hauptstraße), palmerische Küche

Anfahrt: Mit dem Pkw: La Galga befindet sich an der Landstraße von Santa Cruz nach Los Sauces. Vom Ortszentrum ca. 1 km in Richtung Los Sauces, wo man auf einen Straßentunnel trifft. Unmittelbar südlich vom Tunneleingang parkt man in der Straßenkurve. **Mit dem Bus:** Linie 16, ab Santa Cruz, 3-9 x tägl. Man läßt sich rund 1 km hinter La Galga vor dem dortigen Straßentunnel absetzen.

Von dort, wo wir unser Auto abgestellt haben, folgen wir zu Fuß einem mit »Cubo de la Galga« beschilderten Fahrweg talaufwärts, der sich nach etwa 60 m verzweigt. Wir halten uns rechts in den **Barranco** hinein. Hier gibt es erneut Parkmöglichkeiten. Von einem weiteren Befahren der Piste wird dringend abgeraten, da sie streckenweise nur für vierradgetriebene Fahrzeuge geeignet ist und es kaum Ausweichmöglichkeiten gibt!

Schon bald wandert man durch **Lorbeerwald,** der Teil des Naturparks »Monte de Los Sauces y Puntallana« ist. Die Schlucht wird immer enger und feuchter. Das Bachbett rechts des Wegs ist dennoch einen Großteil des Jahres ausgetrocknet, weil das Wasser zur Bewässerung abgeleitet wird. Nach 25 Min. geht man unter einem **Aquädukt** hindurch. Nun kreuzt der Weg mehrmals das von groben, leicht gerundeten Steinblöcken übersäte Bachbett. Hier zweigt links ein kurzes Seitental ab, dessen Besichtigung man sich für später aufhebt.

Wir folgen zunächst der Piste weiter aufwärts. Nach etwa 50 m zweigt links im spitzen Winkel ein Fahrweg in das Seitental ab, den wir uns für den Rückweg merken. Die Hauptpiste biegt etwa 5 Min. später zur anderen Talseite ab. Ein **Drehkreuz** versperrt Fahrzeugen dort den weiteren Weg. Wir zweigen schon ein paar Meter davor rechts ab und folgen einem schmalen Pfad weiter talaufwärts. Bald erweitert sich die Schlucht zum Talkessel, wo der Pfad vor einer **Felsstufe** endet (45 Min.). Im Hintergrund erkennen wir eine schattige, wasser-

reiche Gesteinsspalte, deren beinahe senkrechte Wände mit Farnen überwuchert sind. Bis zum Rand der Felsbarriere sollte man hinaufklettern, um sich einen gewissen Überblick zu verschaffen. Doch der Versuch, die Spalte zu erreichen, bleibt trittsicheren Kraxlern vorbehalten. Verrostete Metallteile und Mauerreste zeugen davon, daß es in diesem Talschluß einst eine Wassersammelstelle gab.

Wir gehen zum Beginn des kürzeren Seitentals zurück, in das uns nun der Fahrweg führt (1 Std.). Dies ist der eigentliche **Cubo de la Galga.** Ende August, am Sonntag, der auf den Tag des hl. Bartholomäus am 24. 8. folgt, wandern die Einwohner von La Galga hierher, um eine Fiesta zu Ehren ihres Ortspatrons zu feiern. Sie bringen Picknickverpflegung mit und verbringen den ganzen Tag in dem schattigen Talkessel. Ein Was-

serfall, der je nach vorausgegangenen Regenfällen mehr oder weniger Wasser führt, ergießt sich in den Talschluß. Im Herbst ist er meist ganz ausgetrocknet. Leider ist die Kaskade durch einen Schuttberg verschandelt, der beim Bau einer Wasserleitung entstand. Vom Wasserfall aus laufen wir etwa 50 m zurück und biegen rechts in einen Pfad ein, der auf einen Aquädukt zuführt. Nach weiteren 50 m halten wir uns an einer Gabelung wiederum rechts und steigen durch Lorbeerwald am Rand einer engen Schlucht an. Wir treffen auf eine Forstpiste (1.30 Std.), der wir nach links folgen. Nach 1.45 Std. ist ein **Mirador** erreicht, von dem wir weite Teile der Ostküste La Palmas überblicken.

Auf dem selben Weg kehren wir in den Cubo de la Galga und weiter zum **Ausgangspunkt** (3 Std.) zurück.

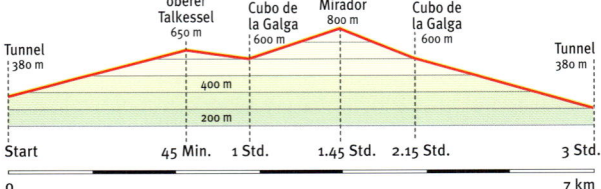

Prähistorische Perspektiven

Zum Pico de la Nieve und nach La Erita

Den Weg auf dem Kamm der Caldera verschönen die weiten Ausblicke zur Küste oder ins Landesinnere. Schließlich gelangt man auf einem Bergpfad zur archäologischen Stätte La Erita, einem geheimnisvollen Versammlungsplatz der Ureinwohner mit prähistorischen Felsritzungen.

DIE WANDERUNG IN KÜRZE

++

Anspruch

Charakter: Zu Beginn breiter Forstweg, später steiniger Bergpfad

Ausrüstung: Sonnenschutz (!), Anorak (im Winter kann es in dieser Höhenlage kalt werden).

Einkehrmöglichkeiten: Keine

3 Std.
Gehzeit

Anfahrt: Mit dem Pkw: Von der Höhenstraße LP-22 (Santa Cruz–Roque de los Muchachos) zweigt bei km 22,5 zur Linken ein Fahrweg ab, der mit »Pico de la Nieve, 1,9 km« ausgeschildert ist. Dort parken. **Mit dem Bus:** Kein Linienbusanschluß! Wer sich mit dem Taxi zum Ausgangspunkt fahren läßt, kann von La Erita auf dem Höhenweg weiterlaufen, der am Kamm der Caldera-Umrandung

400 m
An-/Abstieg

nach Süden führt. Man gewinnt beim Refugio Punta de los Roques Anschluß an Tour 10 und wandert weiter bergab zum Reventón-Paß (etwa 3 Std. 15 Min. ab La Erita). Von der dortigen, großen Wegkreuzung folgt man der Beschilderung »Ermita de la Virgen del Pino« rechts bergab auf einem steilen Pflasterweg. Nach weiteren 45 Min. ist die Ermita erreicht, von wo man auf der Straße nach El Paso (von dort mit Buslinie 1 nach Los Llanos, halbstündlich bis stündlich, oder nach Santa Cruz, ca. alle 1–2 Std.) weitergehen kann. Gesamtgehzeit etwa 6 Std., wobei bergauf etwa 400 m und bergab rund 1500 m Höhenunterschied zu bewältigen sind.

Von unserem **Autoabstellplatz** aus geht es auf der **Forstpiste** durch hohen Kiefernwald stets bergauf. Eine schmalere Abzweigung nach links bleibt unbeachtet. Nach etwa 30 Gehminuten ist das Ende des Fahrwegs erreicht.

Vom Wendeplatz folgen wir der Beschilderung »Pico de la Nieve«, an einer **Informationstafel der Nationalparkverwaltung** vorbei, bergauf. Der gut ausgebaute Wanderweg verläuft zunächst hangparallel, steigt aber schon bald in Serpentinen recht steil an. Nach 40 Gehminuten erreichen wir eine **Weggabelung**, an der wir uns rechts halten (Beschilderung »Pico de la Nieve«). Wir treten nun aus dem Wald heraus. Die spärliche Pflanzenwelt in dieser Höhe wird fast nur noch von der Klebrigen Drüsenfrucht gebildet. Zur Linken ergibt sich bald ein schöner weiter Ausblick über Santa Cruz und die angrenzende Ostküste.

An einer weiteren **Gabelung**, wenden wir uns nach rechts (Beschilderung »Pico de la Nieve«). Schon 3 Min. später gabelt sich der Weg erneut. Nach links geht es nun an der Ostflanke des **Pico de la Nieve** empor zum nahegelegenen **Gipfel** (1 Std.). Er ist mit 2239 m einer der imposanteren Berge der Caldera-Umrandung. Man blickt tief hinunter in die Caldera de Taburiente und fast bis zur Mündung des Barranco de las Angustias. Links davon erhebt sich der Pico Bejenado. Zur Rechten ist der Roque de los Muchachos mit den Observatorien zu erkennen.

Zurück am Hauptweg folgt man nun nach rechts der **»Pista Pico de la Nieve Salida«,** die man heraufgekommen ist. Doch schon an der nächsten **Abzweigung** entfernt man sich von dieser Route und hält sich **geradeaus** auf dem unbeschilderten Weg. Wenige Meter weiter lohnt nach rechts ein Abstecher von wenigen Schritten zu einem winzigen,

gemauerten Aussichtsbalkon, von wo man direkt in die Caldera de Taburiente hinabschauen kann.

Dann geht es auf dem Gipfelkamm weiter in südlicher Richtung. Der Weg führt zu einer **Kieferngruppe** hinunter und gabelt sich dort (1.15 Std.). Nach rechts können wir auf einem schmaleren Pfad einen weiteren kurzen Abstecher machen und erreichen bei einer Felsgruppe wiederum die Cumbre mit einer hervorragenden Aussicht. Wir kehren zu der Gabelung zurück und gehen nun auf dem breiteren Weg bergab. An der nächsten Abzweigung folgen wir geradeaus der Beschilderung »Ermita de la Virgen del Pino«. Hangparallel laufen wir am Osthang unterhalb der eben besuchten Felsgruppe entlang.

Der Weg führt aus dem Wald heraus zu einem Sattel, der **Degollada del Barranco de la Madera**. Nachdem man diesen passiert hat, geht es wiederum auf der linken, also der östlichen Seite der Cumbre weiter, nun leicht ansteigend. Rechts des Wegs erhebt sich eine markante Felsmauer. Links fällt der Blick hinab nach Santa Cruz. Nach etwas mehr als 1.30 Std. Gehzeit beschreibt der Wanderweg eine Rechtskurve und wechselt auf die andere Seite der Cumbre hinüber. Schon in der Kurve, also noch auf der Ostseite des Kamms, zweigen rechts und links Pfade ab. Den rech-

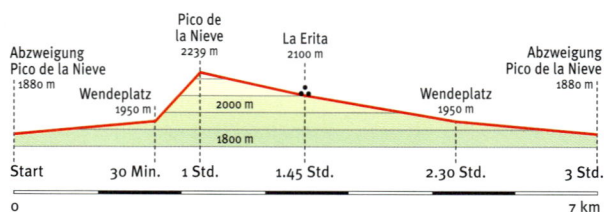

ten lassen wir unbeachtet. Der linke Pfad ist durch Steine und Aststücke versperrt. Diesem folgen wir durch felsiges Gelände auf dem Felskamm entlang, wobei wir weitere niedrige Felsbarrieren überwinden, die hier errichtet wurden, um den Besucherstrom nach Möglichkeit von der archäologischen Stätte, die Ziel der Wanderung sein soll, fernzuhalten.

Nach knappen 1.45 Std. steht man auf dem Versammlungsplatz der Altkanarier, **La Erita**. Er wird durch zwei hohe, natürliche Felsmauern markiert, die quer zum Kamm aufragen. Einige Petroglyphen lassen sich – leider durch Überkritzeleien schon stark zerstört – an der Innenseite der nördlichen Felsmauer links oben erkennen.

Weitere, besser erhaltene Felsritzungen finden sich an der Außenseite der südlichen Felswand.

Man kehrt zum Hauptweg zurück und folgt diesem in der Richtung, aus der man gekommen ist. Abermals passiert man die Degollada del Barranco de la Madera und hält sich an der nächsten **Gabelung** (2 Std.) auf dem unbeschilderten Weg **rechts**. Fast parallel zum Hang geht es, zahlreiche sehr kleine Barrancos querend, beinahe unmerklich bergab. Hin und wieder lohnt es sich, stehenzubleiben und die Aussicht über die bewaldeten Ostabhänge der Cumbre bis hinab nach Santa Cruz zu genießen.

Dann stehen wir wieder an einer Gabelung, wo der uns bereits bekannte Weg zum Pico de la Nieve links abzweigt (2.20 Std.). Wir gehen hier geradeaus und folgen der Beschilderung **»Pista Pico de la Nieve Salida«** bis zur Informationstafel der Nationalparkverwaltung (2.30 Std.) und weiter zum **Ausgangspunkt** (3 Std.).

La Erita

Der Höhenweg am Rand der Caldera scheint schon in vorspanischer Zeit von Hirten benutzt worden zu sein, um ihr Vieh von der Sommerweide am Roque de los Muchachos im Herbst in tiefergelegene Gebiete zu treiben. **La Erita** dürfte ein Rastplatz auf dieser Route gewesen sein. Die Stelle wird auch »La Era de los Guanches« (Tenne der Guanchen) genannt, ein Hinweis darauf, daß es sich um einen eingegrenzten Platz handelte, der allerdings nicht zum Dreschen von Stroh, sondern zu Versammlungszwecken diente. Einige Archäologen wollen in der

von zwei natürlichen Felsmauern begrenzten, sandbedeckten Fläche von etwa 15 m Durchmesser so etwas wie einen Tagoror erkennen – eine Art Ratsplatz, an dem sich in vorspanischer Zeit der Stammeshäuptling mit seinen Ältesten traf, um über wichtige Angelegenheiten zu verhandeln und Recht zu sprechen.

Bei den Felsmauern *(diques)* handelt es sich um vertikale Gesteinsgänge, wie sie vielfach auf La Palma zu finden sind. Sie wurden durch Erosion aus dem umgebenden Fels herauspräpariert, so daß der Eindruck von Menschenhand errichteter Mauern entsteht. In Wirklichkeit handelt es sich jedoch um Risse im Gestein, in denen aufdringendes Magma erstarrte.

An den Südseiten der *diques* sind jeweils Felsritzungen auszumachen: Spiralen und Mäander, wie sie auf La Palma häufig vorkommen, daneben aber auch kleinere, einfache Ideogramme, die ansonsten auf der Insel selten vertreten sind. Bei den Ideogrammen handelt es sich meist um Kreise oder Ovale, die vielleicht Vorläufer der phonetischen Schrift darstellen, wenngleich sie jedoch noch jeweils für einen Begriff und nicht für bestimmte Laute stehen. Ideogramme dieses Typs kommen auf den Kanarischen Inseln vor allem auf Hierro (Los Letreros de El Julán) vor, aber auch auf Gran Canaria.

Am höchsten Punkt La Palmas

Zum Roque de los Muchachos

Auf dem Weg zum höchsten Gipfel der Insel, dem Roque de los Muchachos, begegnet man den schneeweißen Teleskopen einer Sternwarte und blickt in die atemberaubenden Tiefen der Caldera de Taburiente.

DIE WANDERUNG IN KÜRZE

++
Anspruch

3 Std.
Gehzeit

200 m
An-/Abstieg

Charakter: Steiniger Bergpfad. Trittsicherheit und Schwindelfreiheit sind erforderlich.

Ausrüstung: Sonnenschutz! Anorak (in den Wintermonaten kann es in dieser Höhenlage kalt werden)

Einkehrmöglichkeiten: Keine

Anfahrt: Mit dem Pkw: Ausgangspunkt ist die Degollada de Franceses, ein Mirador (beschildert) an der Straße LP-22 (Santa Cruz–Roque de los Muchachos) bei km 30. In der Nähe gibt es einige Parkbuchten. **Mit dem Bus:** Kein Linienbusanschluß!

Ein beschilderter **Wanderweg** führt vom Aussichtsbalkon an der **Degollada de Franceses** nach rechts Richtung **»Roque de los Muchachos«**. Gleich zu Beginn ist eine etwas schwierigere Passage quer über einen schräg abfallenden Schuttfächer zu überwinden. Doch schon nach wenigen Metern folgt ein besserer Wegabschnitt, der es erlaubt, hin und wieder einen Blick in die Tiefe zu werfen und die Aussicht in die Caldera de Taburiente zu genießen. Die Route hält sich stets entlang der Umrandung des riesigen Talkessels, etwa an der Grenze des gleichnamigen Nationalparks.

Nach 10 Gehminuten durchschreiten wir eine Bresche in einer Felsmauer, der **Pared de Roberto**. Die bis zu 5 m hohe aber nur etwa 50 cm dicke Wand wirkt wie von

Menschenhand errichtet. In Wirklichkeit jedoch verdankt sie ihre Entstehung der Erosion, die einen vertikalen Gesteinsgang freigelegt hat. Etwa 5 m später zweigt links ein steiler Pfad zu einem etwas tiefer gelegenen Felsvorsprung ab. Wegen der hervorragenden Einblicke in die Caldera lohnt es sich, hinunterzusteigen.

Durch felsiges Gelände geht es anschließend auf die Observatoriengebäude zu, die schon deutlich näher gerückt sind. Nachdem der Weg zu Beginn langsam aber stetig an Höhe gewonnen hat, geht es im weiteren Verlauf in Serpentinen wieder ein Stück bergab. Der tiefste Punkt ist nach etwa 45 Gehminuten erreicht. Von nun an laufen wir, eine weitere, äußerst **bizarre Felswand** passierend, bergan. Nach weiteren

5 Min. beschreibt der Weg eine deutliche Kurve nach rechts. Die Trittspuren, die geradeaus weiterführen, beachten wir zunächst nicht, merken sie uns aber für später.

Rechts gelangen wir an eine Gabelung, wo man wiederum nach rechts den **Mirador de los Andenes** erreicht (1 Std.). Hier kann man noch einmal in Ruhe den Ausblick in die Caldera de Taburiente und hinunter zur Nordküste genießen. Wir gehen zurück zur Gabelung und halten uns links (der Weg rechts hinunter führt zur Straße). 40 m weiter folgen wir den Trittspuren, die wir bereits auf dem Hinweg gesehen hatten, nach rechts aufwärts. Schon nach wenigen Metern erkennen wir wieder den von der Nationalparkverwaltung angelegten Weg, auf dem ein Schild Richtung »Roque de los Muchachos« weist.

Bald erreichen wir eine **Klimameßstation** (1.10 Std.). Rechts dahinter erhebt sich das Isaac-Newton-Teleskop mit seinem 2,5 m-Spiegel. Das kleinere Jacob-Kapteyn-Teleskop, ein ebenfalls von den Briten errichtetes **1 m-Sternmessungs-Teleskop**, steht etwas oberhalb. Es ist unser nächstes Etappenziel (1.15 Std.). Hier befindet sich auch eine Windmeßanlage. Wiederum bietet sich ein ganz hervorragender Panoramablick über die gegenüberliegende Gebirgskette der Caldera-Umrandung und

die dahinter am Horizont liegenden Nachbarinseln Teneriffa sowie – bei günstiger Wetterlage – Gomera und Hierro. Unser Ziel, der Roque de los Muchachos, ist nun in westlicher Richtung schon gut zu erkennen.

Wir gehen jetzt nicht zur Zufahrtstraße zu den Einrichtungen des Observatoriums hinunter, sondern halten uns **links** davon auf dem angelegten **Fußweg**. Dieser berührt die Straße vorübergehend, entfernt sich dann aber wieder von ihr und führt links an zwei schwedischen **Forschungseinrichtungen,** dem kleinen 61 cm-Teleskop für photometrische Messungen und dem rechteckigen, 15 m hohen **Sonnenbeobachtungsturm »Royac«** vorbei. Auf letzterem ist ein 60 cm-Sonnenteleskop installiert. Der Spiegel ist auf der Spitze des Turms zu erkennen. Rechts davon lugt, schon etwas tiefer, die Kuppel des William-Herschel-Teleskops hervor. **Achtung:** Das Betreten des unmittelbaren Observatoriumgeländes ist verboten! Schilder weisen unmißverständlich darauf hin.

Nachdem wir den Sonnenbeobachtungsturm hinter uns gelassen haben, kommen rechts unter uns die Unterkünfte der Wissenschaftler in Sicht, die vorübergehend im Observatorium beschäftigt sind. (Wer zu Forschungszwecken für längere Zeit auf La Palma bleibt, wohnt in der Regel mit seiner Familie in Santa Cruz.) Die kleinen Kästen in

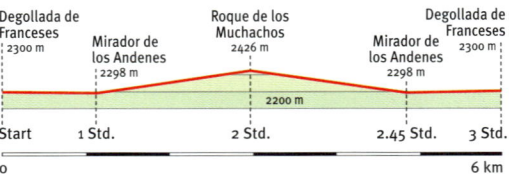

Degollada de Franceses 2300 m · Mirador de los Andenes 2298 m · Roque de los Muchachos 2426 m · Mirador de los Andenes 2298 m · Degollada de Franceses 2300 m · 2200 m

Start · 1 Std. · 2 Std. · 2.45 Std. · 3 Std.

0 · 6 km

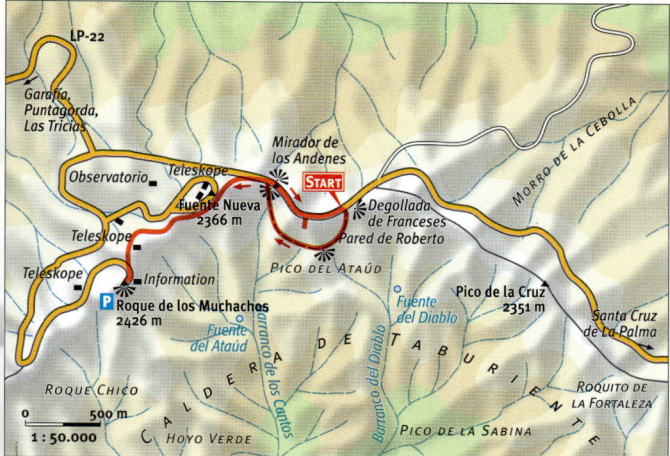

der Nähe der Unterkünfte, die wie Bienenhäuser aussehen, sind Teil des deutschen HEGRA-Projekts. Unser Weg führt vorübergehend bergab zu einem **Sattel** (1.30 Std.). Das Nordische Optische Teleskop (NOT), ein 2,56 m-Reflektor, erhebt sich nun rechts voraus.

Wir halten nicht darauf zu, sondern bleiben auf dem angelegten Weg, der weiterhin dem unmittelbaren Rand der Caldera folgt. In Serpentinen führt er über lockeren Gesteinsschutt bergauf zu einer Straßenkurve. Dort verläuft er links der Straße weiter und mündet kurz darauf in einen Parkplatz, wo sich eine **Informationsstelle der Nationalparkverwaltung** befindet. Die Felstürme oberhalb der Hütte markieren den mit 2426 m höchsten Punkt La Palmas, den **Roque de los Muchachos** (2 Std). Soweit es die persönliche Schwindelfreiheit erlaubt, kann man auf einem Pfad unterhalb der Felsen auf einen Sporn laufen, wo sich atemberaubende Ausblicke in die Caldera de Taburiente ergeben.

Bis zum **Mirador de los Andenes** (2.45 Std.) folgen wir anschließend wieder der schon vom Hinweg bekannten Route. Um den weiteren Rückweg abzukürzen, steigen wir am Mirador zur Straße hinunter und folgen dieser nach rechts bis zum **Ausgangspunkt** (3 Std.). Dieser Streckenabschnitt ist recht lohnend, da es am Straßenrand interessante Gesteinsformationen zu beobachten gibt. Graue Trachyt-Gänge wechseln mit roten und gelblichen Tuffschichten ab. (Wer statt dessen lieber wieder am Caldera-Rand zum Ausgangspunkt zurückkehren möchte, muß mit rund 30 Min. zusätzlicher Gehzeit rechnen.)

Das Observatorium am Roque de los Muchachos

Beste Voraussetzungen für den Bau von Observatorien bieten die Kanareninseln Teneriffa und La Palma. Sie ragen mit ihren höchsten Gipfeln über die Passatwolkenschicht hin-

Das Teleskop am Roque de los Muchachos

aus. In Höhen über 2000 m ist dort der Himmel in der Mehrzahl aller Nächte ›kristallklar‹. An rund 260 Tagen im Jahr herrschen gute bis sehr gute Sichtverhältnisse. Weltweit gibt es nur wenige Gebiete, die diese Anforderungen der modernen Astronomie erfüllen. Unter britischer Leitung wurden in den 70er Jahren umfangreiche Voruntersuchungen durchgeführt. 1979 schloß Großbritannien mit Spanien, Dänemark und Schweden ein Kooperationsabkommen ab, dem später andere europäische Länder beitraten, darunter die Bundesrepublik Deutschland. Spanien stellt Gelände, Straßenanschluß und Strom zur Verfügung und kann als Gegenleistung in allen Einrichtungen 20% der Beobachtungszeit beanspruchen. Seither entwickelte sich das Observatorio del Teide auf Teneriffa zum bedeutendsten Sonnenobservatorium Europas. Unter an-

derem errichtete Deutschland dort eine große sonnenpyhsikalische Forschungsstation.

La Palma hingegen wurde zum Eldorado der Sternengucker, da der Himmel hier dank der geringeren Bebauung nachts noch etwas dunkler ist als auf Teneriffa. Das Roque de los Muchachos-Observatorium, das 1985 offiziell eingeweiht wurde, gilt heute als leistungsfähigste und wichtigste Sternwarte der nördlichen Halbkugel. Die Briten haben die Führung in dem Projekt übernommen. Gemeinsam mit Irland und den Niederlanden betreiben sie drei Teleskope.

Der William-Herschel-Reflektor ist mit 4,2 m Öffnung das derzeit größte Teleskop auf La Palma. Schweden baute einen Sonnenturm und installierte gemeinsam mit den anderen skandinavischen Ländern das Nordische Optische Teleskop (NOT).

1999 kam das italienische Teleskop »Galileo« hinzu. Sein 3,6 m-Spiegel – er gilt als der glatteste, den es je gab – wurde in Deutschland gegossen und geschliffen. Deutsche Wissenschaftler sind auf La Palma mit dem Projekt HEGRA (High Energy Gamma Ray Array) vertreten. Federführend ist die Universität Kiel. In den zahlreichen, über eine große Fläche verteilten Kästen am Roque de los Muchachos fangen computergesteuerte und vollautomatisch ablesbare Meßgeräte kosmische Strahlung auf. Mit sechs Cherenkov-Spiegelteleskopen werden hochenergetische Gammaquellen im All untersucht. Für die Erforschung von ›unsichtbaren‹ Teilen des Milchstraßensystems, in denen andere Strahlen absorbiert werden, sind sie von großem Wert. Für das Jahr 2003 ist die Inbetriebnahme des GTC (Gran Telescopio Canario) geplant, das Spanien derzeit gemeinsam mit der EU errichtet. Mit seinem 10-Meter-Spiegel wird es eines der größten Teleskope der Welt sein.

Rund 400 Astronomen kommen Jahr für Jahr nach La Palma. Manche leben ständig hier. Andere kommen nur für ein paar Tage, denn schon eine Stunde Beobachtungszeit liefert genügend Material für monatelange Auswertungen. Das William-Herschel-Teleskop kann sogar von England aus ferngesteuert werden, so daß die Wissenschaftler gar nicht mehr nach La Palma reisen müssen. Besorgnis erregte in den 80er Jahren die zunehmende ›Lichtverschmutzung‹.

Um die hervorragenden Beobachtungsbedingungen für die Zukunft sicherzustellen, entschloß sich die spanische Regierung daher – einzigartig auf der Welt – zum Erlaß mehrerer Gesetze zur Kontrolle öffentlicher und privater Lichtquellen. Auf La Palma wurde mit einem Kostenaufwand von umgerechnet rund 1,4 Mio. Mark die Straßenbeleuchtung umgestellt. Lampen im Außenbereich dürfen nicht mehr nach oben strahlen, auch sind nur bestimmte Glühbirnen zugelassen. Hinzu kommen Richtlinien für den Flugverkehr sowie für Rundfunk- und Fernsehsender. Sogar die Beleuchtung auf Volksfesten muß – sehr zum Leidwesen der feierfreudigen Palmeros – eingeschränkt werden.

Das Observatorium ist bei der einheimischen Bevölkerung nicht unumstritten. Man kritisiert, daß die Forschungsarbeiten hinter verschlossenen Türen vor sich gehen. Es gibt derzeit keine Besichtigungsmöglichkeiten. Dies nährt die Gerüchteküche. Erst nach massiven Protesten der betroffenen Besitzer von Wasserrechten wurde angeblich am Roque de los Muchachos eine Kläranlage installiert. Hochgiftige Chemikalien aus den Fotolabors des Observatoriums hätten bereits gedroht, das Grundwasser zu verschmutzen – und dies im wichtigsten Wassereinzugsgebiet der Insel.

Vertreter der Naturschutzbehörden und der Umweltschutzorganisation »Irichen« äußerten wiederholt Bedenken gegen die Errichtung weiterer Teleskope in unmittelbarer Nähe des Nationalparks. Nicht zuletzt sind die Archäologen besorgt, denn bereits beim Bau der vorhandenen Einrichtungen wurden – allerdings unabsichtlich – Felsritzungen und andere Hinterlassenschaften der Ureinwohner vernichtet. Auch in Zukunft ist der Schutz der – teils noch nicht einmal kartographisch erfaßten – archäologischen Stätten nicht sichergestellt.

Tour 30

Stille Wälder, baumlose Gipfel

Vom Roque de los Muchachos zur Somada Alta

Vom höchsten Berg La Palmas geht es dicht am Kamm der Caldera-Umrandung zunächst durch die karge Höhensteppe und später durch lichten Kiefernwald abwärts. Ziel dieser Tour ist der klassische Aussichtsgipfel Somada Alta.

DIE WANDERUNG IN KÜRZE

++
Anspruch

5.30 Std.
Gehzeit

600 m
An-/Abstieg

Charakter: Gut begehbarer Bergwanderweg; einige steilere, steinige Passagen

Einkehrmöglichkeiten: Keine

Anfahrt: Mit dem Pkw: Von der Straße LP-22, die Santa Cruz über das Observatorium am Roque de los Muchachos mit Garafía verbindet, zweigt unterhalb der Teleskope eine Nebenstraße ab, die mit »Observatorio Astrofísico« beschildert ist. Ihr folgen wir ca. 1,5 km bis zu einer Gabelung und halten uns dort rechts, um nach weiteren 2 km zum Parkplatz unmittelbar unterhalb des Gipfels des Roque de los Muchachos zu gelangen. **Mit dem Bus:** Kein Linienbusanschluß!

Vom **Parkplatz** wenden wir uns auf der Straße zunächst zu Fuß wieder zurück, passieren das Teleskop »Galileo« – ein silbergraues, kantiges Gebäude (s. S. 147) – und treffen kurz darauf in einer Rechtskurve auf eine Informationstafel der Nationalparkverwaltung (10 Min.). Hier zweigt eine Piste Richtung Südwesten ab, von der sich schon nach wenigen Metern rechts unser zu Beginn von niedrigen Mauern eingefaßter Wanderweg trennt. Wir passieren eine **Sendeanlage,** unterhalb derer sich der Pfad gabelt. Hier gehen wir rechts. Rechter Hand blicken wir über kahle Hänge, auf denen lediglich die ginsterähnliche Klebrige Drüsenfrucht gedeiht, zur Nordseite der Insel, die oft von einem Wolkenmeer umgeben ist. Nach 25 Min. können wir links einen kurzen Ab-

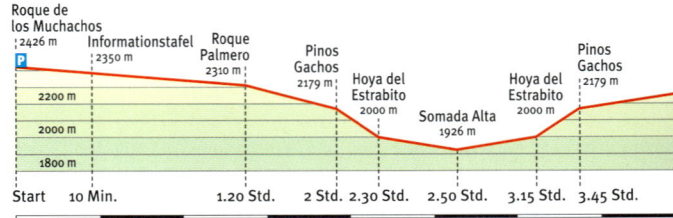

Roque de los Muchachos | 2426 m
Informationstafel 2350 m
Roque Palmero 2310 m
Pinos Gachos 2179 m
Hoya del Estrabito 2000 m
Somada Alta 1926 m
Hoya del Estrabito 2000 m
Pinos Gachos 2179 m

2200 m | 2000 m | 1800 m

Start | 10 Min. | 1.20 Std. | 2 Std. | 2.30 Std. | 2.50 Std. | 3.15 Std. | 3.45 Std.

›Wolkenfälle‹ am Rand der Cumbre

stecher zu einem Sattel machen, der **Degollada de Hoyo Verde.** Man genießt hier einen eindrucksvollen Blick in die Caldera de Taburiente. Hinter dem jenseitigen Rand der Caldera ragt am Horizont die Nachbarinsel Teneriffa auf. Wir gehen zum Hauptweg zurück und folgen diesem bis zu einem **weiteren Sattel,** der 5 Min. später erreicht ist. Hier beginnt der Barranco de Marangaño (auch Barranco Bombas de Agua genannt), eine steile Schlucht, die zum Grund der Caldera hin abfällt. Von einer **Felskuppe** (50 Min.) bieten sich lohnende Fotomotive. Im Windschatten einer natürlichen Mauer läßt es sich hier rasten und die Sonne genießen. Voraus erblicken wir jetzt drei weitere, annähernd gleich hohe Felskuppen, die aus der Caldera-Umrandung herausragen. Bei der dritten, hinteren handelt es sich um den Roque Palmero (2310 m), den wir später erklimmen werden.

Zunächst verläuft unser Weg jedoch an der dem Talkessel abgewandten Nordwestseite des Kamms. Zwischenzeitlich ergeben sich immer wieder grandiose Ausblicke ins Innere der Caldera de Taburiente, deren Rand wir hier und da berühren. Eine kurze Rast, um den Blick zu genießen, lohnt sich insbesondere an der **Degollada de las Palomas,** einem Sattel unterhalb des Roque Palmero, an dessen Hang sich der Weg nun hinaufwindet. Fünf Minuten vom Sattel an gerechnet gilt es, linker Hand auf eine Abzweigung zu achten. Ein schmaler Pfad, durch Steinmännchen markiert, führt dort steil aufwärts zum **Gipfel des Roque Palmero** (1.20 Std.), wo sich eine **Säule** erhebt. Von dort genießt man einen phantastischen Rundumblick, weshalb es sich lohnt, ein wenig zu verweilen. Dann geht es zurück zum Hauptweg und auf diesem weiter Richtung Südwesten.

Roque de
Muchachos
2426 m

5.30 Std.

10 km

Eine Tafel am Wegrand (1.45 Std.) weist auf den Barranco de Tajodeque hin. Gleich hinter dem Schild befindet sich linker Hand eine **natürliche Aussichtskanzel,** von der wir in die Schlucht blicken können, die steil in die Caldera de Taburiente hinabzieht. Allmählich verlieren wir immer rascher an Höhe. Wir passieren drei flachere Kuppen und erreichen bald darauf erste **Kiefern** (2 Std.), die von nun an beginnen, die karge Hochgebirgsvegetation abzulösen. Wenig später ist ein Felsgrat erreicht. Diese Stelle wird **Pinos Gachos** genannt. Rechts ergibt sich nun ein schöner Ausblick über den lichten Kiefernwald oberhalb von Tijarafe, links blicken wir nochmals in die Caldera de Taburiente.

Weiter geht es am rechten Rand des Felsgrats entlang. Dieser besteht aus Phonolith, dem sogenannten Klangstein. Tatsächlich kann man durch Aufeinanderschlagen zweier Steine, die an Schieferplatten erinnern, einen hellen Ton erzeugen. Der folgende Wegabschnitt ist besonders eindrucksvoll. Zwischen groben Felsblöcken und knorrigen alten Kiefern geht es immer steiler bergab, wobei wir uns weiterhin an der rechten Flanke des nun aus Porphyrgestein bestehenden, mit zahlreichen mineralischen Einsprengseln versehenen Felskamms halten. Nach 2.30 Std. ist der vorübergehend tiefste Punkt des Grats, die **Hoya del Estrabito** (eine Tafel weist auf diese Stelle hin), erreicht. Dies ist ein schöner Aussichtsplatz mit Blick in den Barranco de las Angustias und auf den gegenüberliegenden Pico Bejenado sowie die dahinterliegenden Gipfel der Cumbre Vieja. Es geht nun wieder leicht bergan, immer noch am rechten Rand des Felskamms.

Nachdem die Sicht vorübergehend nach beiden Seiten freier gewesen ist, laufen wir bald wieder durch lichten Kiefernwald. Nach 2.40 Std. knickt der Weg recht unvermittelt nach links ab und quert den Grat, der hier rasch an Höhe verliert und aus dem kaum noch Steine herausragen. Schon etwa 10 m vor der Biegung markiert ein Steinmännchen den Aufstieg zur Somada Alta, der letzten höheren Erhebung des Felskammes, an dem wir nun längere Zeit entlanggelaufen waren.

Der Anstieg erfolgt durch wegloses Gelände. Zur Orientierung dient eine **große Steinpyramide** auf dem 1926 m hohen Gipfel, den wir nach 2.50 Std. erreichen. An dieser idyllischen Stelle lohnt es sich, eine längere Rast einzulegen. Bei klarem Wetter ergibt sich ein traumhafter Rundumblick. Und wer es nicht glaubt, daß er sich auf der **Somada Alta** befindet: Einige Meter unterhalb des Gipfels wurde von der Nationalparkverwaltung eine Tafel aufgestellt, die den Besucher darauf hinweist. Auf demselben Weg geht es nun zurück zum **Ausgangspunkt,** wobei wir uns diesmal den Abstecher zum Roque Palmero ersparen. Nach 5.30 Std. Gehzeit stehen wir wieder am **Parkplatz am Roque de los Muchachos.**

Höhensteppe

Nur die Kammregion der Caldera ragt auf La Palma über die Höhenlinie von 2000 m hinaus. Die Bedingungen in dieser fast immer wolkenfreien Zone sind für die Pflanzenwelt besonders hart. Nachts kommt es regelmäßig zu Frost, während es bei dem meist sonnigen

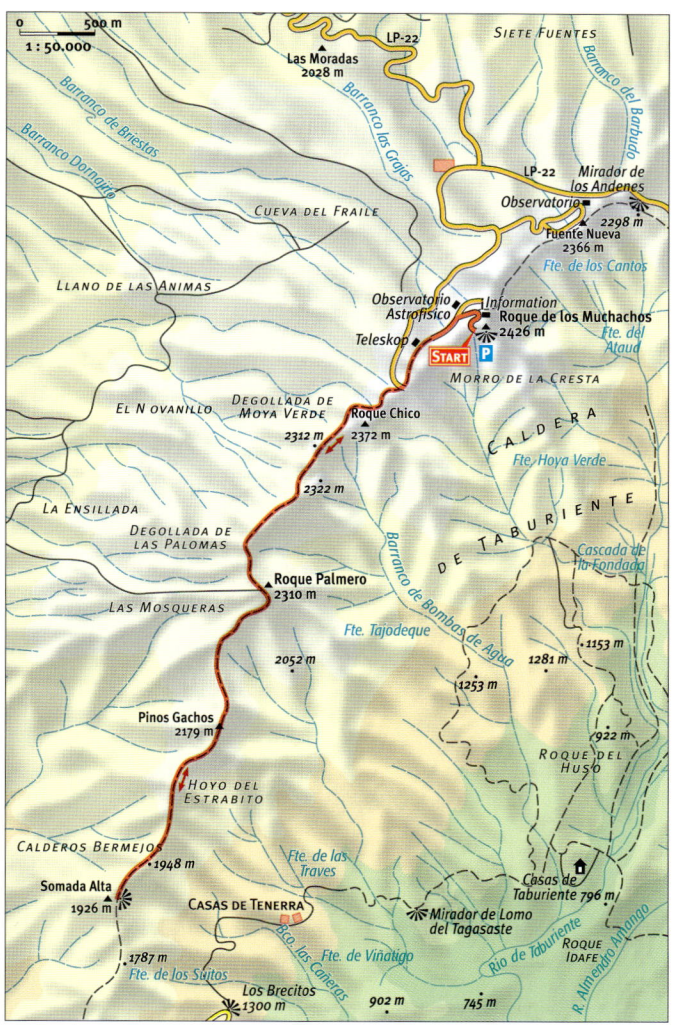

Wetter tagsüber recht warm werden kann. Nur wenige, hochspezialisierte Arten halten den extremen Temperaturunterschieden und der Trockenheit (um 400 mm Jahresniederschlag) stand. Charakteristisch sind niedriger, polsterförmiger Wuchs und kleine, meist behaarte Blätter. Sehr häufig ist die ginsterähnliche Klebrige Drüsenfrucht, deren Blüten den Caldera-Rand im Sommer gelb färben. Das La Palma-Veilchen hingegen ist vom Aussterben bedroht. Rote, kerzenförmige, bis zu 2 m hohe Blütenstände bringt der imposante Teide-Natternkopf hervor, der nur in den Gipfelregionen von La Palma und Teneriffa wächst.

151

Kleiner Sprachführer

Außerhalb der Ferienorte verstehen nur wenige Menschen Deutsch oder Englisch. Daher können Grundkenntnisse des Spanischen, die man an Volkshochschulen oder ähnlichen Einrichtungen erworben hat, durchaus von Nutzen sein. Für das Selbststudium eignen sich Kassetten- oder Video-Sprachkurse, die oft speziell auf die Bedürfnisse von Urlaubern zugeschnitten sind.

Das auf den Kanarischen Inseln gesprochene Spanisch klingt melodischer als auf dem Festland. Die Aussprache ist der südamerikanischen ähnlich. Viele Canarios verschlucken das »s« am Wortende. Einige Besonderheiten der spanischen (kanarischen) Aussprache, die man sich merken sollte:

c vor a, o und u wie k	q wie k
c vor e und i wie englisches th; auf den Kanaren auch wie ein stimmloses s	s wie ss
	v bilabialer Reibelaut zwischen b und w; auf den Kanaren aber auch wie w
ch wie tsch	
g vor e und i wie ch	y wie j
h bleibt stumm	z wie das englische stimmhafte th; auf den Kanaren aber auch wie ein stimmhaftes s
j wie ch	
ll wie j	
ñ wie nj	

Zum besseren Verständnis geographischer Bezeichnungen sind folgende Wörter nützlich:

alto, alta	hoch	camino	Weg, Straße
		casa	Haus
bajada	Abstieg	cascada	Wasserfall
bajo, baja	niedrig	cedro	Zeder, Zedern-
barranco	Schlucht		wacholder
bosque	Wald	charco	Pfütze, Lache
breña	Gebüsch	costa	Küste
brezal	Heide	cubo	Würfel, Kübel
brezo	Baumheide	cueva	Höhle
		cumbre	Bergrücken
cabezo	Hügel, Gipfel		
caldera	Vulkankrater, Kessel	degollada	Niedermetzelung, Paß, Durchgang
caleta	kleine Bucht	drago	Drachenbaum
callao	Felsbrocken, Stein		
calvario	Kreuzweg	embalse	Stausee, Staubecken

ermita	Einsiedelei, Kapelle	morro	Schnauze, Maul, Felskuppe
faro	Leuchtturm		
faya	Gagelbaum	palma	Palme
fayal	Gagelbaumwald	palmar	Palmenhain
fuente	Quelle	paso	Übergang, Paß
		pico	Berggipfel
galería	Gang, Galerie, Stollen	piedra	Stein
		pinar	Kiefernwald
		pino	Kiefer
hacienda	Landgut, Farm	playa	Strand
hoyo, hoya	Grube	puerto	Hafen
		punta	Landspitze
iglesia	Kirche		
		refugio	Schutzhütte
jable	Sand	río	Fluß
		risco	Felsen, Klippe, Grat
laguna	Lagune, Lücke		
laja	glatter Stein	roca	Fels, Gestein
llano	Ebene	roque	Felsen
lomo	Rücken		
malpaís	schlechtes Land	til, tilo	Linde, Stinklorbeer
mirador	Aussichtspunkt	torre	Turm
montaña	Berg, Gebirge		
monte	Berg	volcán	Vulkan

Register

»DUMONT macht mobil!
DUMONT aktiv heißt die neue Reise-
führerreihe des DUMONT Buchverlags
für Wanderfreunde. Ob Schwarzwald,
Dolomiten, Irland oder die Pyrenäen,
die Reiseführer im handlichen Format
geben nützliche Informationen über
Wandersaison, Ausrüstung sowie
interessante Naturerscheinungen
entlang der vorgeschlagenen Routen.
Farbige Höhenprofile zu jeder Wanderung lassen sofort erkennen, wie anspruchsvoll der Weg ist und wieviel
Zeit man dafür einplanen muß.«
Augsburger Allgemeine

»Sie passen in jede Rucksackseiten-
oder Anoraktasche. Die kompakte
Form geht jedoch nicht zu Lasten der
Beschreibungen. Jede Route wird mit
allem geschildert, was wichtig ist: der
Wanderzeit, der Weglänge, dem Rou-
ten-Charakter bis hin zu Sehenswür-
digkeiten und Einkehrmöglichkeiten
am Wege.«   *Welt am Sonntag*

Zahlreiche Farbfotos machen Appetit
auf das Naturerlebnis und wecken die
Vorfreunde.

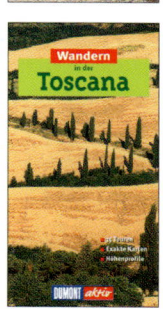

Weitere Informationen über die Titel der Reihe DUMONT aktiv erhalten Sie
bei Ihrem Buchhändler oder beim DUMONT Buchverlag • Postfach 10 10 45 • 50450 Köln
Besuchen Sie uns im Internet: www.dumontverlag.de

Abbildungsnachweis

Susanne Lipps, Düsseldorf   S. 1, 8, 12, 14, 39, 48, 55, 60, 63, 68, 72, 88,
    100, 101, 106, 112, 116, 121, 123, 126, 131, 136, 149
Volker Lipps, Düsseldorf   S. 2, 5, 6, 10, 20, 23, 29, 43, 76/77, 83, 94, 146
White Star, Hamburg Titelbild

Karten und Höhenprofile: Berndtson & Berndtson Productions GmbH,
Fürstenfeldbruck   © DuMont Buchverlag, Köln

Bitte schreiben Sie uns, wenn sich etwas geändert hat!
Alle in diesem Buch enthaltenen Angaben wurden von der Autorin nach bestem
Wissen erstellt und von ihr und dem Verlag mit größtmöglicher Sorgfalt
überprüft. Gleichwohl sind – wie wir im Sinne des Produkthaftungsrechts
betonen müssen – inhaltliche Fehler nicht vollständig auszuschließen.
Daher erfolgen die Angaben ohne jegliche Verpflichtung oder Garantie des
Verlages oder der Autorin. Beide übernehmen keinerlei Verantwortung und
Haftung für etwaige inhaltliche Unstimmigkeiten. Wir bitten dafür um Ver-
ständnis und werden Korrekturhinweise gerne aufgreifen:
                    DuMont Buchverlag, Postfach 10 10 45, 50450 Köln
                    E-Mail: reise@dumontverlag.de

Impressum

Titelbild: Wanderer in der Nähe von Garafía (White Star, Hamburg)

Über die Autorin: Susanne Lipps studierte Geographie, Geologie und Biolo-
gie. Sie ist freiberuflich als Lektorin und Reisebuchautorin tätig. La Palma
lernte Frau Dr. Lipps bei zahlreichen Aufenthalten als Studien-Reiseleiterin
kennen, die sie vor allem nach Spanien, Portugal und Frankreich führten.
Bei DuMont erschienen von ihr in der Reihe »aktiv« die Bände »Wandern in
den Pyrenäen«, »Wandern auf Mallorca« und »Wandern auf Gomera und
Hierro«, außerdem die Reise-Taschenbücher »La Palma«, »Fuerteventura«
und »Madeira« sowie in der Reihe »Extra« der Band »Fuerteventura« und,
gemeinsam mit Oliver Breda, »Gomera«.

© DuMont Buchverlag, Köln
2., aktualisierte Auflage 2001
Alle Rechte vorbehalten
Graphisches Konzept: Groschwitz, Hamburg
Druck: Rasch, Bramsche
Buchbinderische Verarbeitung: Bramscher Buchbinder Betriebe

ISBN 3-7701-5027-9